Transcendental

Transcendental
San Juan, Puerto Rico
www.transcendental.info
info@transcendental.info

2020© Ricardo Morales-Hernández

Transcendental
Publicaciones, Sistemas Gráficos y Experiencias Digitales

—

ISBN- 978-0-578-68242-6

Salmos:
40 días en comunión con Dios

Ricardo Morales-Hernández

Transcendental

Introducción

He estado ahí. He despertado rompiendo el día desayunando lágrimas. Abrir los ojos parece una agonía, y enfrentarse a la vida, un drama épico. Solo Dios y Su Palabra son suficientes. El libro de los Salmos es especialmente útil para dejarnos ver la grandeza de Dios y la fragilidad nuestra; para abrir nuestros ojos a la realidad de Dios y la escala verdadera de las cosas.

La historia de hacer este libro comenzó en casa. Mi esposa, Kerenly y yo estudiamos los Salmos muy temprano en la mañana antes de prepararnos para ir al trabajo. En las ocasiones que no podíamos discutirlo juntos, le enviaba un escrito del estudio en un mensaje de texto a su teléfono. Un día decidimos compartirlo a otros por mensajería instantánea. Luego, Dios nos puso la oportunidad de compartirlo en el blog de nuestra iglesia. Este libro, así como nuestros estudios diarios, son un encuentro con Dios y una serie de acompañamiento. Esto es un libro de acompañamiento. No es un libro exhaustivo sobre los Salmos. Este es un libro activo sobre los Salmos; un libro sobre las promesas de los Salmos; un libro que introduce a la teología bíblica de los Salmos. En general serán 40 días de aplicar la Gracia del evangelio a tu vida. La salvación, santificación y la esperanza gloriosa. Todo el libro de los Salmos nos mueve hacía Dios a través de Jesús, en el Espíritu Santo. Los Salmos han sido y serán una bendición para todo creyente. Oro a Dios que este libro edifique tu vida y que tenga repercusiones eternas para la salvación tuya, la de muchos y para su gloria. La Palabra de Dios siempre permanece.

Agradezco particularmente al Pastor Milton Villanueva por su ejemplo y apoyo en el Señor. Al Pastor Roberto Quiñones por su enseñanza y clarificaciones para este libro. A Mercedes Cordero y David Quiñones que gustosamente ayudaron en la edición y complementaron nuestras reuniones con música y alabanza. A mi esposa Keren y mis hijos por su paciencia.

Con Amor, en Él,
Ricardo Morales-Hernández
Toda la Gloria a Dios.

Salmos: 40 días en comunión con Dios

> *Una cosa he demandado a Jehová, ésta buscaré;*
> *Que esté yo en la casa de Jehová todos los días de mi vida,*
> *Para contemplar la hermosura de Jehová,*
> *y para inquirir en su templo.*
>
> **-Salmos 27:4**

¿Hay alguna diferencia entre el deseo puesto por Dios en nuestro corazón y el deseo de Dios para nuestra vida? Una cosa el salmista le ha rogado a Dios, y esa misma buscará (v. 4). Por un lado, ruega a Dios por su ayuda aceptando que de Él solamente procede el perdón y salvación, y por el otro lado, se esfuerza para hacer la voluntad del Dios que le ha escogido.

Es por esto que las dinámicas de santidad a lo largo de toda la Biblia se originan en Dios, se anclan y satisfacen en la obra completa de Jesucristo, y se producen en los creyentes por el poder, voluntad y acción del Espíritu Santo (1 Cor. 1:30). La Biblia es clara cuando afirma que Jesús *"con una sola ofrenda hizo perfectos para siempre a los santificados"* (Hebreos 10:4). En otras palabras, el estatus de todo genuino cristiano es el de santos en los cielos en virtud de la obra de justificación en Jesucristo (Rom. 5:1). Sin embargo, hasta que no lleguemos a los cielos, tú dependes y te esfuerzas diariamente en Dios para crecer en santidad a la semejanza de Cristo hasta el fin. En otras palabras, tú participas activa y voluntariamente y ninguna parte de tu ser debe dejar de involucrarse en este crecimiento, incluyendo tu voluntad, tus emociones y tu intelecto (Rom. 12:2). En el Salmo 27 vemos lo siguiente:

El salmista no negaba la realidad de la circunstancias

"Aunque un ejército acampe contra mí,
No temerá mi corazón;
Aunque contra mí se levante guerra,
Yo estaré confiado." (Salmos 27:3)

El salmista tenía una confianza anclada en Dios y su bondad

"Hubiera yo desmayado, si no creyese que veré la bondad de Jehová en la tierra de los vivientes." (Salmos 27:13)

El salmista veía con fe y esperanza su futuro

"Luego levantará mi cabeza sobre mis enemigos que me rodean,
Y yo sacrificaré en su tabernáculo sacrificios de júbilo;
Cantaré y entonaré alabanzas a Jehová." (Salmos 27:6)

El salmista se predicaba a si mismo

"Aguarda a Jehová;
Esfuérzate, y aliéntese tu corazón;
Sí, espera a Jehová." (Salmos 27:14)

La santidad que se nos presenta en la Biblia es definitiva y eficaz para los creyentes y por lo tanto progresiva y en constante lucha con los apetitos de nuestro pecado remanente (Rom. 7). ¿Acaso te has dado cuenta de que los deseos de esa nueva vida que se producen en ti hacen toda la diferencia para hacerte crecer y disfrutar de la presencia de Dios? Es el escritor bíblico quien nos dice: *"ocupaos en vuestra salvación con temor y temblor, porque Dios es el que en vosotros produce así el querer como el hacer, por su buena voluntad"* (Fil. 2:12-13). Si tú eres cristiano, esos deseos de la nueva vida que se producen en ti son con el propósito de revelar tu adopción como hijo, de bendecir tu progreso en la santificación, de ayudarte a perseverar y guardarte del mal, entre otras cosas.

Es un privilegio y regocijo la inmerecida presencia de Dios en ti por cuanto ahora eres parte del templo de Dios. Cuando tu alma languidece hambrienta y sedienta, son los impulsos de esta nueva vida espiritual los que te motivan a buscar intensamente el rostro de Dios y recrearte en la infinita hermosura de Su Santidad.

Quiera Dios que hoy te recrees en la hermosura de aquel que con una sola ofrenda hizo perfectos para siempre a los santificados.

> *A ti clamaré, oh Jehová.*
> *Roca mía, no te desentiendas de mí,*
> *Para que no sea yo, dejándome tú,*
> *Semejante a los que descienden al sepulcro.*
>
> **Salmos 28:1**

Un día visité el río El Ataúd con unos amigos. Le llamaban de esta forma porque las corrientes subterráneas tenían fama de matar a los más hábiles nadadores. Es un lugar tan maravilloso como peligroso. Al bajar por unas piedras resbalosas encontré un lugar particular. Fuera del bullicio de las corrientes, estaba una piedra fuerte; no de un tamaño monumental, sino casi de escala humana. Anclada allí, servía como escudo entre las corrientes y tenía forma como de una mano abierta. Allí estuve algún tiempo en un silencio increíble, agradeciendo a Dios por Su inmutable amor, por Su protección y por Su fidelidad. Abrazando esa roca, un poco agotado de nadar por las corrientes, comparo lo que remotamente experimentaba el salmista aquí.

Roca mía, no te desentiendas de mí

No, David no le andaba hablando a las rocas; David le hablaba a la Roca de la Salvación que es Cristo Jesús (1 Cor 10:4). La palabra que utiliza me fascina *"no te desentiendas de mí"* que significa, dejar por completo o guardar silencio. Desentenderse es acabar toda relación. Sin embargo, el salmista contendía con Dios para que nunca sucediera esto, lo que podría traducirse a nuestro lenguaje contemporáneo: "No me sueltes Dios, pues vendría a ser un muerto si me dejas a mis propias fuerzas".

¿Acaso tienes una desesperación por Dios tal que confías tu vida en sus manos? Si la Roca Espiritual se desentiende de ti, lo que te espera es peor que el ataúd (Rom 9:29), pues es la Roca la que te sostiene a ti y no tú a la Roca, pues dice: *"Para que no sea yo, dejándome tú"*.

Tú, con tus propias fuerzas y separado de Jesús, nada con valor eterno podrías hacer. Más aun, si Él se desentendiera de ti hoy, comenzaría tu descenso a tu sepulcro espiritual. Su primera compañía sería para ti un recuerdo amargo y lejano; el gozo de Su presencia fuera cambiado por tu imagen solitaria en el espejo; Sus promesas entonces fueran como fantasmas de tu memoria y te irías debilitando recordando tu propio desprecio. Pero Él no hará así con Sus hijos pues contamos con innumerables promesas que nos dan la seguridad de que nuestra salvación es más firme que cualquier roca.

Quiera Dios que hoy te afirmes en la Roca de Salvación, Cristo Jesús, y que recuerdes que nada te puede separar del amor de Dios en Jesús.

"Salva a tu pueblo, y bendice a tu heredad;
Y pastoréales y susténtales para siempre".
Salmos 28:9

> *Dad a Jehová la gloria debida a su nombre;*
> *Adorad a Jehová en la hermosura de la santidad.*
> **-Salmos 29:2**

Hay un canto de sirena en la cultura que nos dice: hacer mal es divertido, satisfactorio y muchísimo más rápido. Pero la idea de santidad parece ser aburrida, impuesta y fuera de moda. ¿Cuántas veces has considerado la santidad hermosa? De seguro la cultura puede estar errada en torno a este debate; ¿pero qué de la iglesia?

Si bien la santidad en la Biblia es un tema que parece ser complejo, históricamente las iglesias han diferido en cómo se debe traducir la santidad en sentido práctico o cómo se debe reflejar el carácter de Jesús día a día. Algunas piensan que la santidad está reservada para el salón de la fama de grandes hombres y mujeres de fe como un museo de los santos. Otras han querido que santidad sea sinónimo de pertenecer a algún *ghetto* de la cristiandad; a otras le interesa algo solamente externo que tenga que ver más con estilo que con contenido.

Es cierto que muchas ocasiones se le ha atribuido un significado a la santidad como algo provincial, local y secundario. Bíblicamente hablando parece ser todo lo opuesto. La santidad es un atributo primeramente de Dios y es definida por Él pues Él es el único *"Santo, Santo, Santo"* (Rev. 4:8). Lo que está en vista aquí es la otredad de Dios; en otras palabras, lo diferente que Él es con relación a nosotros en carácter, majestad, poder y esencia. En segundo lugar, la santificación (o el proceso de ser semejantes a Jesús) está atribuida en Jesús y efectiva universalmente para todos los creyentes a través del Espíritu Santo :

"Mas por él estáis vosotros en Cristo Jesús, el cual nos ha sido hecho por Dios sabiduría, justificación, santificación y redención." (1 Cor. 1:30)

Y en tercer lugar, entre otras cosas, santidad además de significar ser separados para Dios (y ahora actuar bajo esta nueva realidad y privilegio), también contiene la idea de estar disfrutando de la persona de Dios mientras vivimos y servimos. Es nuestra real identidad en Él :

"Según nos escogió en él antes de la fundación del mundo, para que fuésemos santos y sin mancha delante de él, en amor habiéndonos predestinado para ser adoptados hijos suyos por medio de Jesucristo, según el puro afecto de su voluntad, para alabanza de la gloria de su gracia, con la cual nos hizo aceptos en el Amado" (Efesios 1:4-6)

Vemos muchas veces la santidad enlazada con el concepto de gloria. La palabra "gloria" en el texto original es sinónimo de peso, esplendor radiante, abundancia, algo substancial. La gloria es todo menos aburrida. David no solo ve la conexión de la adoración con la gloria de Dios cuando dice: *"Dad a Jehová la gloria debida a su nombre"* (v. 2) sino que también ve que la cualidad de esa santidad de Dios y otorgada a nosotros es hermosa cuando dice: *"Adorad a Jehová en la hermosura de la santidad"*. (v. 2)

¿Estás tú disfrutando de la hermosura de la santidad de Dios? No solo es un deber para ti servir y amar al Señor sino también un privilegio, un regalo, un gozo; tu destino.

Quiera Dios que en este día te recrees observando la hermosura de Su santidad y que te reafirmes en el amor y el propósito de ser hechos santos para la alabanza de la gloria de Su gracia.

*¡Cuán grande es tu bondad, que has guardado para los que te temen, Que
has mostrado a los que esperan en ti, delante de los hijos de los hombres!
En lo secreto de tu presencia los esconderás de la conspiración del hombre;
Los pondrás en un tabernáculo a cubierto de contención de lenguas.*

-Salmos 31:19-20

Beneficios de estar en el secreto de Su presencia

Cuando Moisés estuvo 40 días en el secreto de Su presencia, vio y escuchó
cosas que ningún hombre había imaginado. Cuando José estuvo en el
secreto de su presencia pudo perdonar a sus hermanos que lo vendieron
por dinero y tener fuerzas para vivir la vida que Dios le había destinado.
Cuando Elías estuvo en el secreto de Su presencia, fue transformado de
ser un hombre temeroso a la persecución y la muerte, a un hombre con
nuevas fuerzas en Dios luego de aquel silbido apacible.

En el secreto de Su presencia, Dios no solamente nos susurra suavemente
con Su viento de amor, sino que nos habla y nos estremece con Su voz en
Su Palabra; nos honra con Su presencia y nos protege.

¿Has estado en el secreto de Su presencia continuamente?

Cuando las mañanas parecen ser un cántico a la desesperanza, entonces
reconoces que entrar en el secreto de Su presencia no es solo un privilegio,
es la vida. Para aquel que cree, Jesús ha ganado acceso al secreto de Su
presencia y le costó Su vida:

*Acerquémonos, pues, confiadamente al trono de la gracia, para alcanzar
misericordia y hallar gracia para el oportuno socorro.* (Heb. 4:16)

David se regocijaba en la bondad de Dios y decía: *"¡Cuán grande es tu
bondad, que has guardado para los que te temen, Que has mostrado a los
que esperan en ti, delante de los hijos de los hombres!"* (v. 19)

Posiblemente tú, como él, has experimentado falsas acusaciones y medias verdades. A veces suele suceder que no hay cosa más dolorosa que nuestro honor sea puesto en tela de juicio. Cuando una persona que conoce el secreto de Su presencia ha fallado, sabe a quién recurrir y cuando es acusado falsamente, en ocasiones su vida se debilita con angustia y miedo al futuro. Pero en el secreto de Su presencia Dios tiene abundantes beneficios eternos. Él ha dicho lo siguiente:

"En lo secreto de tu presencia los esconderás de la conspiración del hombre; Los pondrás en un tabernáculo a cubierto de contención de lenguas." (v. 20)

El tabernáculo era el lugar sagrado de los israelitas donde se encontraban con la presencia de Dios. Dios promete que en ese día cuando recurras a Él, esconderá a Sus hijos de las falsas acusaciones y de las maquinaciones de los hombres como en una ciudad fortificada (v. 21).

Jesús no te ofrece una vida libre de problemas, inclusive lo contrario es cierto: *"Bienaventurados sois cuando por mi causa os vituperen y os persigan, y digan toda clase de mal contra vosotros, mintiendo"* (Mateo 5:11). Ahora, ¿sabes que puedes estar confiado y en paz porque tu corazón será guardado en el secreto de Su presencia en cualquier día del mal? ¿Sabes que Él te protegerá del efecto de las falsas acusaciones, de la conspiración y de muchas contiendas?

Espera y recréate en el secreto de Su presencia y mira su bondad para contigo. Y aunque es muy posible que estando en Jesús sufras muchas adversidades, confiadamente puedes acercarte a el trono de gracia y refugiarte ahí hasta que la muerte pase.

Él guarda todos sus huesos;
Ni uno de ellos será quebrantado.
-Salmos 34:20

Dios es digno de alabanza en TODO tiempo:
Bendeciré a Jehová en TODO tiempo;
Su alabanza estará de continuo en mi boca. (v. 1)

Dios es digno de alabanza por TODOS Sus santos simultáneamente :
Engrandeced a Jehová conmigo,
Y exaltemos a UNA su nombre. (v. 3)

Dios nos libra de TODOS nuestros temores:
Busqué a Jehová, y él me oyó,
Y me libró de TODOS mis temores. (v. 4)

Cuando clamamos a Dios, Él nos libra de TODAS nuestras angustias:
Este pobre clamó, y le oyó Jehová,
Y lo libró de TODAS sus angustias. (v. 6)

Claman los justos, y Jehová oye,
Y los libra de TODAS sus angustias. (v. 17)

Dios no te dejará vacío
Temed a Jehová, vosotros sus santos,
Pues NADA FALTA A LOS QUE LE TEMEN. (v. 9)

Dios no te negará ningún bien que necesites
Los leoncillos necesitan, y tienen hambre; Pero los que buscan a Jehová NO
TENDRÁN FALTA DE NINGÚN BIEN. (v. 10)

Dios librará de todas las aflicciones a los justos
Muchas son las aflicciones del justo,
Pero de TODAS ellas le librará Jehová. (v. 19)

Pero hay un octavo absoluto:
El guarda TODOS sus huesos;
Ni uno de ellos será quebrantado. (v. 20)

La historia de la redención menciona que de la misma manera que el Cordero de la Pascua no podría ser quebrado en ningún hueso, así mismo en Jesús se cumpliría esta promesa que estaba aún por venir (Ex. 12:46, Núm. 9:12, Jn 19:36). ¿Cómo? En el evangelio según Juan se describe de la siguiente forma:

"Mas cuando llegaron a Jesús, como le vieron ya muerto, no le quebraron las piernas. Pero uno de los soldados le abrió el costado con una lanza, y al instante salió sangre y agua. Y el que lo vio da testimonio, y su testimonio es verdadero; y él sabe que dice verdad, para que vosotros también creáis. Porque estas cosas sucedieron para que se cumpliese la Escritura: NO SERÁ QUEBRADO HUESO SUYO. Y también otra Escritura dice: Mirarán al que traspasaron." (Juan 19:33-37)

¿Sabe Dios guardar los huesos de Jesús? La respuesta es Sí. Lo que quiere decir que el *"castigo por nuestra paz"* tiene una precisión absoluta. La Palabra puede decir mirarán al que traspasaron (Zac. 12:10), pero no puede decir mirarán al que destrozaron. Y estas heridas fieles del amor producen la gloria y la salvación de muchos. Nuestro Dios, que es el cirujano amoroso extirpando los pecados del mundo, traspasó ciertamente a Jesús con una lanza con precisión soberana, profética y absoluta. Y si Dios pudo cuidar y honrar el cuerpo muerto de Jesús, cuánto más puede cuidar nuestra alma que está viva. Las lanzas que permite Su amor soberano y las heridas de tu alma fueron con una precisión absoluta y no están hechas para destruirte. Tienen propósitos eternos.

Nuestro Dios, que es el cirujano amoroso del alma, sabe bien cómo tratar contigo. Mira cómo es que Dios cincela nuestra vida: con lanzas impetuosas que nos llegan a lo más hondo. Pero no son lanzas indomables; son con precauciones de amor para no quebrarnos, con la implacable certeza para preservarnos, con la intención de ser en semejanza de Su Hijo y con la esperanza de llevar a la gloria a muchos. Tenemos la seguridad de que estos golpes y lanzas disfrazadas de terror, no quebrantarán nunca el honor de Su Hijo y serán con beneficios eternos.

> *Júzgame, oh Jehová, porque yo en mi integridad he andado;*
> *He confiado asimismo en Jehová sin titubear.*
>
> **-Salmos 26:1**

Acaso no te sorprende cuando el escritor le dice a Dios: *"Júzgame"*. Al Juez de toda la tierra, el salmista le dice: júzgame. No es por sus propios méritos que David fue justo. Ni tampoco por tus propios méritos es que tú eres justo, sino que todo aquel que fue justificado en Cristo, creyendo en Él, ahora tiene paz con Dios y por lo tanto, debe andar en integridad (Rom. 5:1).

Integridad es una palabra que unifica. Es una palabra que apenas se escucha en la cultura salvo para el pan. Algo íntegro es lo mismo en todas las partes, es una sola pieza. Es hecho con los mejores y más puros ingredientes, sin adulterar. Es sinónimo de sencillez, de algo completo o de alguien recto. ¿Puedes decir a Dios júzgame porque en integridad he andado? ¿O tu vida parece dividirse en pequeñas fracciones irreconocibles? ¿Puedes tú mirar al rostro de tu Amado y decirle "júzgame porque yo he sido de una sola pieza?

Sabemos que andamos frágilmente en el mundo cuando el Señor nos dice: *"He aquí, yo os envío como a ovejas en medio de lobos"* (Mateo 10:16). Entonces, ¿no es nuestra integridad más que un frágil vestido de justicia en donde operamos delante de Dios y los hombres? ¿O es todo el corazón y la coraza el ingrediente esencial y completo de un cristiano?

Fíjate amado, que integridad no quiere decir que David nunca hubiese pecado. Ciertamente, él era un hombre con muchos defectos y pecados graves, y sin embargo, Dios lo exalta por la *"integridad de su corazón"* (1 Reyes 9:4). El secreto de David era que, aun con sus faltas y pecados, sabía a quién recurrir. Conocía y se refugiaba en el manantial inagotable de justicia y misericordia. Reconocía que solo podía volver a Él en cada momento.

Ahora, el salmista también dice: *"he confiado asimismo en Jehová sin titubear"*, lo que significa que ha confiado con integridad delante de Dios sin dudar, y esto, hermano, es la esencia amorosa de la fe. Creer, no es tan solo que andes en el regalo de tu integridad delante de Dios y de los hombres. Es confiar en Dios sin titubear andando en el regalo de tu integridad.

Quiera Dios que hoy atesores más razones para confiar en Él sin dudar y que te imparta Su gracia para perseverar y esperar en Él en integridad.

Y tú perdonaste la maldad de mi pecado.

-Salmos 32:2

El Salmo 32 está preñado de amor redentor. ¡Léelo! Es como un amanecer que se transforma y va creciendo en momentos climáticos con colores majestuosos. Coloreando este amanecer de justicia, el salmista alaba a Dios con declaraciones que son tan íntimas como transformadoras:

"Mi pecado te declaré, y no encubrí mi iniquidad. Dije: Confesaré mis transgresiones a Jehová; Y tú perdonaste la maldad de mi pecado." (v. 5)

TRES OBSERVACIONES SOBRE EL AMOR QUE SALDA TODA DEUDA

Dios exalta el carácter de la expiación:

Esto no es otra cosa que Dios se glorifica a sí mismo y se hace ver majestuoso por el hecho que han sido cubiertos en su totalidad los pecados de todos aquellos que creen en Jesús.

"Bienaventurado aquel cuya transgresión ha sido perdonada, y cubierto su pecado. Bienaventurado el hombre a quien Jehová no culpa de iniquidad, Y en cuyo espíritu no hay engaño". (v. 1-2)

El Justo Jesús muere por los injustos, y es atribuida a nosotros una justicia extraña que nunca poseíamos nosotros mismos en primer lugar (1 Pedro 3:18). Antes siendo transgresores, sin embargo, ahora somos declarados no culpables y por lo tanto ahora *"en nuestro espíritu no hay engaño"*.

El tiempo de tener comunión con Dios es ahora

Si bien había consecuencias graves para el salmista, cuando se deterioraba su comunión con Dios, el salmista experimentó todos los beneficios de la libertad de no encubrir su pecado y confesarlo:

Mientras callé, se envejecieron mis huesos En mi gemir todo el día. (v. 3)
Por esto orará a ti todo santo en el tiempo en que puedas ser hallado. (v. 8)

El tiempo de confesar nuestro pecado a Dios en oración es ahora. El tiempo de tener comunión con Dios es ahora. Jesús es el único mediador entre Dios y los hombres. Él es el verdadero sacerdote que intercede delante del Padre por Su pueblo, y por lo tanto, una relación eterna no puede esperar. Ahora es el tiempo favorable.

Dios llama dichosos a aquellos que han sido perdonados

El libro de Romanos detalla que los que han sido justificados por medio de la fe ya tienen paz con Dios (Rom 5:1). Por lo tanto, más allá de nuestra antigua enemistad con Dios, ahora disfrutamos gratuitamente de Su amor, presencia y una declaración de paz eterna con Dios adquirida por Jesús. Ahora disfrutamos de Él y sus bendiciones eternas; ahora somos llamado *"Bienaventurados"*, que es lo mismo que benditos, dichosos y felices. El amor que salda toda deuda fue derramado a nosotros por medio de Jesús, y tenemos plenitud en Él.

Te haré entender, y te enseñaré el camino en que debes andar;
Sobre ti fijaré mis ojos.
-Salmos 32:81

Dios se ha comprometido a hacerte entender

¿Conoces tú que no estás solo para la dirección particular del resto de tu vida? Él ha capacitado a Su iglesia con ancianos, pastores, maestros, diáconos, evangelistas y ayudadores, quienes sirven en la obra de Dios. Él nos hace entender Su Palabra y Su voluntad. Él nos ha dado la Biblia y nos ha dado Su presencia en el Espíritu Santo. Él te da sabiduría si se la pides. Él nos hace entender (Santiago 1:5). Él ha prometido: *"Te haré entender..."*

Dios se compromete a enseñarte el camino

Su voluntad ahora es revelada para ti (1 Tes. 4:3) y el camino que debes andar ahora es claro como el sol. Y como tenemos la voluntad revelada en Su Palabra (2 Pedro 1:19-21) no necesitamos especular sobre nuestro futuro pues Dios se compromete a hacernos entender y darnos sabiduría sobre las decisiones que debemos tomar y el camino que debemos andar. Él ha prometido: *"te enseñaré el camino en que debes andar..."*

Dios se compromete a no abandonarte

Nada da más seguridad a un niño temeroso que su padre este pendiente de su juego aun en la distancia. Ese niño necesita jugar con libertad, pero también anhela la seguridad de su padre. Del mismo modo, el Señor se compromete a no apartar la mirada de nosotros, fijando Sus ojos en Sus criaturas. Él ha prometido: *"Sobre ti fijaré mis ojos".*

¡Qué bendición incalculable! Todo lo que anhela nuestro corazón lo tenemos en Cristo. Perdón, paz, una relación restaurada, una libertad cubierta, una dirección segura, una sabiduría provista, una camino hecho, unos ojos fijos, un Padre amoroso y una familia extendida.

No dudes hoy que el Señor ya cuida de ti, te enseña con cuidado los detalles de tu caminar y no aparta de ti Su mirada, para siempre.

Mis ojos están siempre hacia Jehová,
Porque él sacará mis pies de la red.
-Salmos 25:15

Amado, te preguntas: ¿Cuál es la forma en que Dios maneja los pequeños asuntos de esta vida? Si yo, como hijo de Dios, debo enfocarme en
lo eterno, ¿quién entonces se encargará de lo perecedero? Te preguntas:
¿Cómo procedo en tal o cual situación? Y te sorprende: ¿Cómo es que me
resta fuerzas quitar la mirada de Dios y ponerlas en las cosas que, en esta
escala de importancia, parecen microscópicas? El Dios que te creó y te
salva te ha dado suficientes promesas.

David escribe:

Mis ojos están siempre hacia Jehová,
Porque él sacará mis pies de la red. (v. 15)

Es interesante que el salmista utiliza los ojos y los pies para describir lo
que de otra manera pareciera absurdo pues: ¿No podría el escritor divino
dejar de fijar los ojos en el Galardón y bajarlos para con sus propias fuerzas desgajar la red de sus pies? La respuesta es no. No podía, como tampoco nosotros podemos dejar de mirar lo eterno para perdernos en los
detalles de lo perecedero.

El apóstol Pablo decía que *"Ninguno que milita se enreda en los negocios de
la vida, a fin de agradar a aquel que lo tomó por soldado"* (2 Tim. 2:4). Y
es que el salmista, como tú, tampoco contaba con el poder, ni la sabiduría
para *"desenredarse"* de la maraña de la red en que estaban sus pies. No podría sacar sus pies de la red del poder del pecado, ni de la culpa del pecado.
No podía desenmarañarse de los afanes y las tentaciones de este mundo
ni tampoco zafarse a sí mismo de los engaños y tramas de sus enemigos.

Ciertamente, tú como soldado de otro reino estás en la adversidad en la que se multiplican enemigos, aun sin saberlo, sin merecerlo o sin buscarlo. La hostilidad es cierta y los caminos parecen ser confusos. Sin embargo, en el mismo Salmo hay cuatro palabras que el salmista usa para clamar por la ayuda de Dios en medio de esta situación (v.4-5):

Muéstrame - de dar a conocer íntima y afectivamente

Enséñame - como sinónimo de ser adiestrado

Encamíname - como sinónimo de dirigir en el andar

Acuérdate - como sinónimo de dar cuenta de Sus promesas

¿Confías tú en que Dios se te ha dado a conocer salvadoramente y personalmente a través de Jesucristo por medio de Su palabra y te ha abierto los ojos por medio del Espíritu Santo y te ha regalado la fe para creer? ¿Has puesto tus ojos y tu confianza renovada solo en Jesús, el autor de tu salvación y el consumador de tu fe? ¿Deseas ser adiestrado? ¿Ser dirigido? ¿Quieres caminar en la seguridad de Sus promesas?

Como soldado de otro reino tú tienes la gran seguridad de que, en virtud de la unión con Cristo, disfrutas de todas Sus promesas en Él. Y que, fijando en Él tus ojos, Él mismo se encargará de continuar revelando la plenitud de Su vida, enseñarte el camino en que debes andar, encaminarte a toda verdad y justicia y librarte del mal.

Tu Padre celestial sabe de qué cosas tienes necesidad y te confirma que cuando buscas primeramente el reino de Dios y su justicia, todas las demás cosas te serán añadidas, incluyendo el sacar tus pies de la red.

Alegraos, oh justos, en Jehová;
-Salmos 33:1

Regocijaos en el Señor siempre

Oye, alma, ¿sabes que las riquezas de Cristo son inagotables? ¿Reconoces que tu corazón seguramente no está satisfecho hoy como puede o como debe? ¿Dónde están tus alegrías? La Biblia no nos exige nada imposible cuando nos dice: *"Regocijaos en el Señor siempre. Otra vez digo: ¡Regocijaos!"* (Fil. 4:4)

Aunque pareciera increíble en este mundo, no es imposible vivir esta experiencia. No solo Dios nos apunta a su exigencia cuando nos manda:*"¡Regocijaos!"* o, en otras palabras, *"Disfruta"*, sino que también nos indica la fuente y el momento del cumplimiento de esta exigencia divina: *"en el Señor SIEMPRE"*. Parece ser abstracto esto de que nuestro gozo sea en Él. Pero es parecido a cuando no ves a tu esposo o a tu esposa o a tus hijos por algún tiempo. Te regocijas con ellos, pero también te regocijas *en* ellos. Ellos son una especie de fuente especial de gozo para ti, pero no son una fuente infinita. Dios te da el MANDATO: *"¡Regocijaos!"* o *"Disfruta"*, apuntando a la FUENTE de esa exigencia, *"en el Señor"*, y EL MOMENTO de disfrutarlo: *"siempre"*. La clave es en Él. ¿Es Él suficiente? La respuesta es un rotundo y vibrante Sí.

¿Podríamos agotar los tesoros de la unión con Cristo?

La respuesta es NO. Y estoy convencido de que esto te podrá ayudar. El autor Marcus Peter Johnson escribe: ¿Estás alegre en Él? (Sal. 33:21) ¿Escondido en Él? (Col. 3:3) ¿Justificado en Él? (Rom. 8:11) ¿Glorificado en Él? (Rom. 8:30; 2 Cor. 3:18) ¿Llamado en Él? (1 Cor. 1:9) ¿Hecho vivo en Él? (Rom. 15:22; Efe. 2:5) ¿Creado Nuevo en Él? (2 Cor. 5:17) ¿Adoptado como hijo en Él? (Gal. 3:26) ¿Elegido en Él? (Efe. 1:4) ¿Crucificado junto con Él? (Gal. 2:20) ¿Muertos en Él? (Col. 2:20) ¿Bautizado en Él? (Rom. 6:23) ¿Unido en Su resurrección en Él?

¿Sentado en los lugares celestiales con Él? (Rom. 6:5) ¿Estás en Él y Él en ti? (Efe. 3:17; 2 Cor. 13:5; 1 Cor. 1:30) ¿Está tu deseo solo en Él? (Sal. 73:25) *

Finalizando este Salmo, el salmista queda convencido, luego de haber afirmado y declarado la soberanía y poder de Dios en la historia, la salvación y en la naturaleza, y dice :

Por tanto, en él se alegrará nuestro corazón,
Porque en su santo nombre hemos confiado. (Salmos 33:21)

Tenemos infinitas razones por la cual estar alegres hoy y siempre: Él.

*adaptado de su libro One with Christ (Uno con Cristo) de Crossway.

> *Enmudecí con silencio, me callé aun respecto de lo bueno;*
> *Y se agravó mi dolor.*
>
> **-Salmos 39:2**

¿Cuántas veces has enmudecido y callado aun respecto a lo bueno? ¿Y por qué pudiendo hacer el bien no lo haces? ¿Tienes más temor a los hombres que a Dios? Estamos puestos en la tierra con un solo propósito. Uno. Glorificar y disfrutar a Dios para siempre. Esto es, dar a conocer quién es Dios, disfrutando la gracia del evangelio de Jesucristo y viviendo la vida de amor y poder que nos otorga el Espíritu Santo. La Biblia nos llama embajadores, sal de la tierra, luz del mundo. Pero, cuando esta labor no está cumplida, ¿cómo te sientes?

El gozo y dignidad de compartir el evangelio

Pedro y Juan encontraron una alegría indescriptible que sobrepasó el poder de los golpes y la opresión de la persecución:

"Y ellos salieron de la presencia del concilio, gozosos de haber sido tenidos por dignos de padecer afrenta por causa del Nombre. Y todos los días, en el templo y por las casas, no cesaban de enseñar y predicar a Jesucristo." (Hechos 5:41-42)

Cuán distante está esto de nuestra experiencia diaria, en la que constantemente buscamos la aprobación de todos los demás, buscando signos y señales para la validación de nuestra existencia. Tenemos un mensaje que no es nuestro. Nos ha sido dado. Estar *"gozosos de haber sido tenidos por dignos de padecer afrenta por causa del Nombre"* significa que el honor de compartir a Jesús sobrepasa el dolor de compartir a Jesús. El gozo que da Jesús al compartirlo es implacable. La dignidad y el honor de compartir a Jesús es indescriptible.

Encontramos nuestros hermanos cuando compartimos el evangelio

Muchas veces al obedecer amorosamente a compartir el evangelio, encontramos a nuestros hermanos. Lo hacemos al descubrir aquellos que responden al llamamiento eficaz de Dios aquellos llamados para la salvación y vida eterna. Y también descubrimos las vistudes de aquel que nos llamo cuando hombro a hombro trabajamos como soldados de la misma fila. Encontramos a soldados de pelotones diferentes a nuestra localidad, país o denominación particular. ¡La iglesia invisible es una sola iglesia! Es un cuerpo vivo. De ciudades y naciones cuyo origen y destino es el mismo: nacidos de nuevo y de camino a la cuidad celestial. Descubrimos que la misma gracia que Dios nos proveyó a nosotros para salvación la provee a otros. Y somos testigos de ver esta transformación con nuestros ojos. La única manera digna de callar es al ser sorprendidos de la transformación por la nueva vida en los otros, así como lo hicieron los antiguos apóstoles:

Entonces, oídas estas cosas, callaron, y glorificaron a Dios, diciendo: ¡De manera que también a los gentiles ha dado Dios arrepentimiento para vida! (Hechos. 11:18)

Encontramos a la oveja perdida que también trae gozo a Dios

Como si la alegría que produce el mensaje no fuera suficiente y el gozo que trae la obediencia no fuera implacable y la vida que trae el Espíritu no fuera completa, podemos experimentar algo del gozo que tiene Dios en la salvación. Dios esta absolutamente alegre y satisfecho en si mismo. Nada puede incrementar ni disminuir su gozo. Sin embargo la Biblia habla de gozo en los cielos cuando un solo pecador es reconciliado por Cristo y esto no es poco (Luc. 15.3-7). ¿Que te parece contribuir a la alegría al reino celestial en su espectáculo de gloria porque uno de los suyos regresa al redil? ¿Puedes creer que encontrar a la oveja perdida ayuda a incrementar el gozo del cielo? Aun en nuestras debilidades, nuestro testimonio y predicación son eficientes en la certeza de la fe y la suficiencia de Su poder.

Somos colaboradores con Cristo, embajadores de Cristo y estamos en medio de la labor más apremiante, reconciliar al hombre con Dios. No te calles respecto a lo bueno. Arderán tus huesos y tu corazón como el salmista o el profeta Jeremías (Jer. 20:9). No calles. Habla.

> *Jehová, no retengas de mí tus misericordias;*
> *Tu misericordia y tu verdad me guarden siempre.*
> **-Salmos 40:11**

¿Cómo podemos vivir y perseverar en la vida cristiana, sin un continuo caudal de misericordia para nosotros? La realidad es que no podemos.

Pablo amonestaba a los Gálatas por tratar de vivir su vida cristiana amparándose en su propia bondad y obediencia a las leyes ceremoniales judías. Estas leyes fueron cumplidas en perfecta obediencia solo por Jesús y atribuidas a nuestra cuenta. Sin embargo, nuestra nueva capacidad para la obediencia no es la base por la cual nuestra salvación fue efectuada. Pablo reprende al apóstol Pedro en Antioquia con palabras severas que nos recuerdan cuán cerca debemos estar de la continua misericordia y verdad de Dios:

"No desecho la gracia de Dios; pues si por la ley fuese la justicia, entonces por demás murió Cristo." (Gál. 2:21)

La vida cristiana descansa en un hecho pasado
Dios salva a pecadores a través de Jesús. Específicamente en el hecho histórico de la cruz, Él intercambió Su Justicia por nuestra injusticia, y por medio de la fe, otorgada a nosotros como un regalo, nos hace receptores de Su gracia. Esa gracia es continua para nosotros. Nunca son retenidas sus misericordias. Siendo ahora adoptados como hijos, heredamos todas las promesas estando en una relación renovada con Él.

"Pero Dios, que es rico en misericordia, por su gran amor con que nos amó aun estando nosotros muertos en pecados, nos dio vida juntamente con Cristo (por gracia sois salvos)" (Efe. 2:4-5). Dios no ha retenido Sus misericordias al crearnos y darnos salvación en Cristo. Y, si por Su misericordia nos dio vida en Cristo para comenzar esta carrera, no nos dejará a nuestras propias expensas para continuar y perseverar hasta el fin.

La vida cristiana descansa en una realidad presente

Dios continúa en Su trono hoy (Isa. 6:1), el Hijo sostiene todas las cosas con la palabra de Su poder e intercede por nosotros hoy frente al Padre (Heb. 1:3; Rom. 8:24). El Espíritu Santo nos transforma, enseña y capacita para todas las cosas hoy (1 Jn. 2:27). Dios es nuestra provisión y suficiencia. Jesús da prioridad a lo que realmente importa hoy. Él nos dice: *"Mas buscad primeramente el reino de Dios y su justicia, y todas estas cosas os serán añadidas. Así que, no os afanéis por el día de mañana, porque el día de mañana traerá su afán. Basta a cada día su propio mal"* (Mat. 6:33-34).

Si bien los afanes de la vida parecen morder nuestra capacidad de descansar en la gracia presente, el salmista nos recuerda aquí: *"Tu misericordia y tu verdad me guarden"* (v. 11). Job en medio de su prueba pudo exclamar: *"Vida y misericordia me concediste, y tu cuidado guardó mi espíritu"* (Job 10:12). La vida cristiana descansa en el hecho presente de vivir por fe hoy, ser perdonado hoy y recibir el amor de Dios hoy. Como les exhortaba Pablo a los Colosenses *"de la manera que habéis recibido al Señor Jesucristo, andad en él" (Col. 2:6).*

La vida cristiana descansa con seguridad en el futuro

Toda la provisión espiritual está en Jesús hoy y estará para siempre. Jesús es el mismo ayer, hoy y siempre (Col. 2:9-10, Heb. 13:8). Un Dios eterno, pleno e inmutable siempre será el mismo en el futuro. Por eso el salmista podía exclamar; *"Tu misericordia y tu verdad me guarden siempre"* (v. 11). Siempre es el momento para la eternidad. Siempre es el momento para tu confianza.

Que puedas comprender el gran cuidado que Él tiene para tu vida hoy que con misericordia y verdad te guarda siempre.

Piensa en el pobre
Día 13

> *Bienaventurado el que piensa en el pobre;*
> *En el día malo lo librará Jehová.*
> **-Salmos 41:1**

Estando en Cristo lo tenemos todo, somos herederos de Sus promesas y de un reino presente y porvenir. El esplendor de Su gloria nos acerca cada día más a Él, y algún día disfrutaremos de Su misma presencia que es el mayor valor incalculable.

Al final del salmo 40 David escribe:

Aunque afligido yo y necesitado,
Jehová pensará en mí.
Mi ayuda y mi libertador eres tú;
Dios mío, no te tardes. (Sal. 40:17)

Nota que el Salmo 40 termina en que *"aunque esté afligido y necesitado; Jehová pensará en mí".* ¿Él pensará en mí? Cuán grande es la mente de Dios que creó todo el universo, y ¿pensará Él en mí? ¿Quién soy yo para que Dios me tenga en cuenta en Sus pensamientos? ¡Parece increíble!

Jehová ya pensó en mí, que estaba menospreciado y afligido, y ahora hay una bienaventuranza para aquel que piensa en los demás. El Salmo 41:1 comienza diciendo: *"Bienaventurado el que piensa en el pobre; En el día malo lo librará Jehová".* ¿Pero cuánto de nuestro tiempo estamos pensando en los demás, pensando específicamente en el necesitado y el afligido? ¿Cuánto de nuestras riquezas compartimos con aquellos que lo necesitan?

En la Biblia, la pobreza es un tema complejo y no se podría reducir a términos simplistas. En contraste, los autores bíblicos utilizan la idea de la pobreza para referirse al estado del alma o el espíritu en agonía. Pero la Biblia no escapa de la realidad material y económica. Se podría trazar bíblicamente desde el Antiguo o el Nuevo Testamento la desproporción de las riquezas y su relación con el bienestar en general. Se podría hablar de las ocasiones en que las bendiciones materiales alcanzan por misericordia a los creyentes en estabilidad y prosperidad como producto de la bendición de Dios. Lo cierto es que Dios siempre tiene en vista a los pobres; pobres de espíritu y pobres en su condición económica.

Nosotros podemos dar por gracia solo lo que por gracia hemos recibido. Dios que nos amó primero, el que pensó en nosotros primero, el que nos cubrió de sus vestiduras y nos unió a Él mismo, fue quien llenó nuestros tesoros. Sin distinción de nuestro estado espiritual ni económico Él desea no solo que tengamos en cuenta nuestra aflicción personal, sino que también cubramos y pensemos en los demás que sufren (1 Juan 4:10).

No seamos solo pensadores, sino también facilitadores de la bondad de Dios para los pobres de toda clase, y demos por gracia lo que por gracia hemos recibido: el amor inmerecido de Dios y Sus bondades para con nosotros.

> *Del río sus corrientes alegran la ciudad de Dios,*
> *El santuario de las moradas del Altísimo.*
>
> **-Salmos 46:4**

Poder Infinito. Ayuda Ilimitada.

Llegamos a un Salmo lleno de esperanza y vigor espiritual que comienza así: *Dios es nuestro amparo y fortaleza, nuestro pronto auxilio en las tribulaciones* (v. 1). Nota que por amor a Sus hijos y por el honor de Su propia gloria, Dios hace grandes y poderosas proezas. Pero el salmista declara no tan solo que Él está pronto para auxiliarnos; ¡Él mismo es nuestra ayuda! Él mismo es nuestro auxilio en las tribulaciones. Dios ES nuestro amparo, y ES nuestra fortaleza.

No cabe la menor duda que la estabilidad espiritual y fe del salmista eran de origen divino cuando dice:

Por tanto, no temeremos, aunque la tierra sea removida,
Y se traspasen los montes al corazón del mar;
Aunque bramen y se turben sus aguas,
Y tiemblen los montes a causa de su braveza. (v. 2-3)

Ni las causas naturales, ni las sobrenaturales parecían remover sus cimientos. Ni terremotos, ni tsunamis, ni huracanes, ni plagas, ni pandemias, ni tifones hacen remover la fe y la esperanza puesta por Dios en el corazón del creyente. Esta fe no es meramente de la voluntad humana, arraigada a sus propios recursos o experiencias. Es inconcebible este atrevimiento que borda en lo absurdo. Esta es una fe sobrenatural en un Dios que es ilimitado en poder y que continuamente es el proveedor de nuestra esperanza (Efe. 2:8).

Su presencia no tiene limites

Ahora en el mismo Salmo, más adelante el salmista exclama:

Del río sus corrientes alegran la ciudad de Dios,
El santuario de las moradas del Altísimo. (v. 4)

Con cuánta claridad ve el salmista que el *"Altísimo"* está en medio de Su trono. En medio de la cuidad celestial hay un caudal infinito de aguas vivas que alegran todo lo que toque (Eze. 47:1-2; Apoc. 22).

Este río de Su presencia no tiene origen, ni tiene fin en sí mismo. Más bien, se origina en un Dios infinito y eterno. Y podemos decir que saboreamos de este río de aguas vivas que mora ahora en el creyente, y al mismo tiempo estamos sedientos de Él. Estamos sedientos de Su justicia, de Su presencia, del resplandor continuo de Su gloria. Y este río de Su presencia continua es lo único que nos alegra. ¿Sabes tú que Su bondad es continua, que Su poder no tiene fin, que Su amor es caudaloso, abundante, que Su conocimiento y Su poder es ilimitado, que las alegrías que da son incomparables?

¿Has probado hoy de esta agua de vida de este río infinito?

Quiera Dios que Él te ayude a conocer la profundidad de Sus riquezas mientras confías perpetuamente disfrutando de Su Gloria.

> *Señor, delante de ti están todos mis deseos,*
> *Y mi suspiro no te es oculto.*
> **-Salmos 38:9**

Llegará un momento en la vida de todos los hijos de Dios en que viviremos profundas aflicciones que recuerdan los sufrimientos de Jesús (Col. 1:24) y otros momentos en que la tristeza será marcada en distinción con el mundo, pues seremos disciplinados paternalmente por Dios participando así de Su gracia (Heb. 12:11). Pero en la hora del dolor, ¿cuán cerca está Dios de ti? Muy cerca. Podemos aprender tres cosas sobre el pecado aquí.

El pecado no perdonado tiene grandes consecuencias
El cuerpo del salmista estaba sufriendo las consecuencias de su pecado personal. ¿Sabes qué? Tu conciencia, tus emociones, tu cuerpo y mente sufren las consecuencias por el pecado que atesoras personalmente. Él habla de que:

Nada hay sano en mi carne, a causa de tu ira;
Ni hay paz en mis huesos, a causa de mi pecado. (v. 3)

El salmista se define a sí mismo en este Salmo como enlutado, humillado, encorvado, debilitado, molido, acongojado, sin vigor, en dolor, gimiendo, sordo, mudo y en locura (v. 5-8). Algunos adjetivos definen su cuerpo; otros, el peso de su pecado y algunos de los efectos de la disciplina paternal de Dios.

Sus enemigos externos estaban al asecho y eran muchos
David no estaba exento de enemigos que, sin razón o con ella, venían al asecho de su alma. Él habla que tantos sus conocidos, como sus amigos y familiares le abandonaron y que: *"Los que pagan mal por bien me son contrarios, por seguir yo lo bueno"* (v. 20). Él tenía enemigos de gratis y gente conocida que le había traicionado. Sus enemigos eran muchos, estaban vivos, y estaban fuertes. Seguir la voluntad de Dios le costaría (v. 18).

La presencia de Dios estaba con él

Es imposible arrepentirse del pecado que atesoras personalmente sin que la influencia del Espíritu de Dios esté en tu vida. ¿Pero cuán cerca estaba Dios de él? Muy cerca. Él proclama estas palabras justo después de reconocer su pecado personal:

Señor, delante de ti están todos mis deseos,
Y mi suspiro no te es oculto. (v. 9)

¡Qué mucho podemos aprender de esto! Todos nuestros deseos están delante del Señor. Toda nuestra insuficiente adoración, toda nuestra idolatría oculta, todo nuestro orgullo propio, nuestra vanagloria escondida, pero también todos nuestros sueños más puros, todos nuestros deseos grandes y pequeños, todas nuestras oraciones, TODOS nuestros deseos están delante de Dios. Dios ve de qué deseos está compuesto nuestro corazón. Dios ve lo más secreto y en lo más oscuro de tu alma. En la oscuridad, todos tus deseos los conoce Dios con claridad suprema. Pero Él también ve otra cosa cuando dice *"Y mi suspiro no te es oculto"*. Los suspiros son los deseos del alma puestos en respiración y en sonidos. Son gemidos. Suspiras cuando duele, cuando aflige y cuando sueñas, cuando molesta. Todos tus suspiros los conoce el Señor. Lo que quiere decir que tu vida, tu dolor, tu deseo y tu quebranto no es oculto para Dios. Ningún suspiro es desconocido para el Señor. Él está más cerca de lo que piensas. Su palabra está accesible. Viva. Cerca. Estamos en Él, y Él está en nosotros; esto es muy cerca. Y en la oscuridad, todos tus deseos los conoce Dios. En el dolor, todos tus suspiros los conoce el Señor. Él está más cerca de lo que parece. Muy cerca.

> *Porque Dios es el Rey de toda la tierra;*
> *Cantad con inteligencia.*
> **-Salmos 47:7**

Las razones para adorar están en mayúsculas

En esta porción, el salmista señala dos razones principales para alabar a Dios con expresiones de amor, satisfacción completa y alegría rebosante. ¿Has notado que muchas de las razones para adorar a Dios están en mayúscula en la Biblia? No son la excepción en este salmo. Mira:

Porque Jehová el Altísimo es temible (v. 2a)
Porque Dios es el Rey de toda la tierra (v. 7a)

Altísimo y Rey aparecen en mayúsculas en la Biblia como títulos, como el Supremo-Altísimo, el Rey-Príncipe pero son mucho más que títulos. Los títulos y puestos humanos pueden venir e irse. En la mayoría de los casos, son roles vitalicios, pero seguramente perecederos. Podemos tener gobernadores y directores que dejan sus puestos por razones diversas, pero estos títulos de Dios nos señalan atributos mayores. Las mayúsculas de Dios, por así decirlo, hacen atribuir gloria a atributos intrínsecos de Dios. Al Nombre de Dios. Me explico: las mayúsculas de Dios señalan a un Dios no puede ser menos que esto. Dios no puede dejar de ser Altísimo. No solamente es un rol o un puesto temporal. Ésa es su naturaleza. Dios no puede dejar de ser Rey. Intrínsecamente, Dios es Soberano y Admirable. No son solo títulos. Son mayúscula razones de Su naturaleza para nosotros darle gloria y alabanza con alegría a Él. Él es Altísimo, nadie es más alto que Él. Él es soberano; el verdadero Rey de toda la creación.

Cánticos Inteligentes

Ahora , ¿has tenido en cuenta que las razones mayúsculas de Dios producen alabanza y adoración de nuestra parte? Porque Dios es el Rey de toda la tierra, nada puede impresionarle, y, sin embargo, el salmista dice algo más sobre la forma de expresar nuestro júbilo en Dios:

Porque Dios es el Rey de toda la tierra; cantad con inteligencia (v. 7). Ahora bien, las razones para adorar a Dios siempre son la realidad mayúscula de quién es Dios. Su Nombre produce en nosotros el querer expresarle una adoración inteligente con Su ayuda. Qué mucho rigor requieren las grandes obras de artes que parecen más sublimes; las composiciones musicales que se fraguaron en la experiencia y pinturas increíbles que relatan historia y dinamismo. No fueron creadas al azar. Han requerido mucho esfuerzo emocional y muchas horas de aprendizaje. ¿Cómo es que en nuestra alabanza Dios se merezca menos que esto?

Tristemente, nosotros hemos separado en reinos aparentemente irreconciliables la emoción de la erudición (Esd. 7:6), la ciencia del arte (Éxo. 31:3), la sencillez de la astucia (Mat. 10:16), la piedad del contentamiento (1 Tim. 6:6), el espíritu de la verdad (Juan 4:24), cuando Dios nos procura todo un profundo cántico de esperanza bañado en sabiduría y sencillez. Una composición conmovedora pero bien armada. Fe y conocimiento, virtud y esperanza, humildad y astucia, miel y oro, sacrificios-vivos, fuego constante, una canción inteligente. ¿Cuánto de nuestra vida es un cántico inteligente a Dios? ¿Nos hemos dado a la tarea de alabarle sin conocimiento? Imposible.

Quiera Dios que nuestra alabanza sea profunda y empapada del reconocimiento de Su gracia, y demos gloria a Dios por Sus atributos inmutables y mayúsculos. Que la forma de tu vida y alabanza sean inevitablemente inteligentes y poderosamente humildes reconociendo que todo proviene de Él y para Él. ¡Solo a Dios gloria!

> *Bienaventurado el hombre que tiene en ti sus fuerzas,*
> *En cuyo corazón están tus caminos.*
> *Atravesando el valle de lágrimas lo cambian en fuente,*
> *Cuando la lluvia llena los estanques.*
> *Irán de poder en poder;*
> *Verán a Dios en Sion.*
>
> **-Salmos 84:5-7**

Ésta no es la vida que soñaste

Has despertado en más de una ocasión diciendo: "ésta no es la vida que yo soñé". Has caminado viviendo una pesadilla. Sabes que tienes los ojos abiertos, pero hubieses deseado que todo fuera solo un sueño desagradable. Es cierto; lo común en los procesos de Dios es extinguir toda nuestra autosuficiencia, nuestro orgullo y nuestra idea de la mejor vida que soñamos, por qué simplemente es muy microscópica en comparación a los planes que Dios tiene para el porvenir.

¿Qué sabe el hombre y la mujer que tiene en Dios sus fuerzas? Posiblemente, que Dios es soberano. ¿Pero sabe él, cómo debería saberlo, que Dios es soberano para su propia vida? Atravesando el valle de lágrimas lo descubre. En esos planes que Dios tiene para ti no están excluidos los sufrimientos (están garantizados), pero esos planes divinos no están limitados por nuestra capacidad, poder o imaginación o, al final de cuentas, por alguna oposición. Pero hay una promesa para los hombres y mujeres de Dios de que no todo será lágrimas. Esta porción del salmo dice tres hermosas promesas para enfrentar la vida que nunca soñaste:

Atravesando el valle de lágrimas lo cambian en fuente

El salmista nombra esta sensación horrible y espeluznante como el valle de lágrimas. Esto es un tiempo de angustia personal en donde solo pareces llorar. He estado ahí. He despertado rompiendo el día desayunando lágrimas. Donde abrir los ojos parece una agonía y salir de la cama un, drama épico. Es importante que el salmista lo compare con un valle, pues no hay muchas montañas altas en este tiempo. No hay muchos paisajes innecesarios; solo una autopista larga que parece sin fin. Bienvenido a la vida que nunca soñaste. Dios siempre ha estado ahí. "Fuente" es una palabra totalmente contraria al valle de lágrimas. "Fuente" es una palabra que salta para vida. Ahora hay alimento y nutrición donde solo había muerte. Ahora hay movimiento vertical donde solo había una línea horizontal. Cambiar el valle de lágrimas en fuente es confiar en el Dios soberano mientras atravesamos nuestra adversidad con adoración. Una alabanza interminable e incondicional que salta del interior. Job lo sabía muy bien, cuando en un día vinieron todas sus dificultades y lo perdió todo, hasta su salud, y dijo: *"Desnudo salí del vientre de mi madre, y desnudo volveré allá. El SEÑOR dio, y el SEÑOR quitó. ¡Sea bendito el nombre del SEÑOR!"* (Job 1:21)

Cuando la lluvia llena los estanques. Irán de poder en poder

Hay un proceso de llorar por todo lo que en Dios perdiste. Y hay un momento en que termina el llanto por esa vida que soñaste y se ha quedado atrás. Hermosamente, la palabra lo comparará a *"cuando la lluvia llena los estanques"*. Me fascina esta imagen. Casi puedo oler la humedad de un día lluvioso, ver en cámara lenta las gotas cayendo y cuando se repletan a capacidad los estanques de agua. Cuando esto pasa, al fin se va extinguiendo la capacidad que tenías, la imaginación que tenías, el poco control que tenías, las falsas seguridades que tenías, el poco poder que tenías, los falsos compañeros que tenías, y vas viendo lo poco que puedes hacer para manejar tu vida y que Dios tiene todo bajo Su control y dominio soberano. Hay una sanidad y purificación mayor. Tu santidad en Cristo es progresiva, y los efectos para la vida de otros serán activos y evidentes. Cuando termine tu llanto, verás que irás de poder en poder.

Verán a Dios en Sion

El mismo Dios que nos permite atravesar el valle de lágrimas y que nos promete ir de poder en poder ahora nos dice que veremos a Dios en Sion. Qué hermosa promesa. Todo lo que anhela nuestra alma es ver cara a cara a Dios. Habitar por siempre en su presencia. No solo Dios lo promete. Él lo garantiza. Todos aquellos que tienen sus fuerzas en Dios atravesarán valles, despedirán los sueños que tenían para su vida, abrazarán Su soberanía y verán a Dios el Padre y a su Hijo Jesús en el poder del Espíritu. No solamente esto es la dirección para tu vida, sino que además es una garantía de que llegarás a tu destino. Dios está en control de tu vida. Llora lo que tengas que llorar. Despide la vida que soñaste. Y mira hacia el rostro de Dios en Jesús, nuestra salvación y satisfacción; nuestro poder y nuestro futuro.

> *Escucharé lo que hablará Jehová Dios;*
> *Porque hablará paz a su pueblo y a sus santos,*
> *Para que no se vuelvan a la locura.*
> **-Salmos 85:8**

La evidencia es cierta

Despiertas, respiras, ves cualquier paisaje. Ya tienes suficiente evidencia de Dios. *"Porque las cosas invisibles de él, su eterno poder y deidad, se hacen claramente visibles desde la creación del mundo, siendo entendidas por medio de las cosas hechas, de modo que no tienen excusa"* (Rom. 1:20). Podrás ver las montañas majestuosas y compararlas con la inmutabilidad de Dios. Podrás mirar la intensidad del sol y recordar la gloria y poder de Dios. Pero escapar al monte para oír la voz de Dios no será suficiente. Por más que te esfuerces, no podrás oír las palabras claras de Dios en el libro de la naturaleza. La naturaleza es un poderoso eco que nos da evidencia de Dios pero nos deja sin suficientes respuestas para vivir en este mundo.

La locura de no glorificar a Dios

El problema no es falta de información. Dios se hace evidente por medio de la naturaleza. El problema radica en una voluntad naturalmente hostil a Dios. Inhabilidad moral. Todos tenemos suficiente información como para adorar a Dios, y sin embargo, no lo hacemos. Adicional a esto, nuestras facultades naturales están distorsionadas por causas sobrenaturales. Las consecuencias del pecado trajeron la incapacitad nuestra para atribuirle autoría a Dios en la estampa de la creación y en su revelación particular: La Palabra de Dios. *"Pero el hombre natural no percibe las cosas que son del Espíritu de Dios, porque para él son locura, y no las puede entender, porque se han de discernir espiritualmente"* (1 Cor. 2:14). Por otro lado, todo el conocimiento y sabiduría humana es insuficiente para conocer la revelación particular de Dios, pues; *"¿Dónde está el sabio? ¿Dónde está el escriba? ¿Dónde está el disputador de este siglo? ¿No ha enloquecido Dios la sabiduría del mundo? Pues ya que en la sabiduría de Dios, el mundo no conoció a Dios mediante la sabiduría. Agrado a Dios salvar a los creyentes por la locura de la predicación"* (1 Cor. 1:20-21). Adicional a esto, hay una lucha espiritual que impide que brille la revelación del evangelio a los incrédulos: *"Pero si nuestro evangelio está aún encubierto, entre los que se pierden está encubierto; en los cuales el dios de este siglo (Satanás) cegó el entendimiento de los incrédulos, para que no les resplandezca la luz del evangelio de la gloria de Cristo, el cual es la imagen de Dios"* (2 Cor. 4:3-4).

La locura que salvará al mundo

Pero no todas las locuras son iguales. Hay una locura que salvará al mundo: la locura de la predicación del evangelio. El escuchar las buenas noticias de paz nos recuerda que, donde hubo enemistad con Dios, Él mismo trajo la reconciliación. Donde hubo oscuridad, Él mismo se reveló con una claridad inigualable. Perdón donde hubo ira; identidad donde hubo confusión.

El salmista confiesa: *"Escucharé lo que hablará Jehová Dios; Porque hablará paz a su pueblo y a sus santos, Para que no se vuelvan a la locura"* (Sal. 85:8).

El hombre natural podrá subestimar la manera ordinaria en que Dios hace las cosas, pero en lo que pareciera ser locura para algunos, radica el poder de Dios para todo aquel que cree. *"Porque la palabra de la cruz es locura a los que se pierden; pero a los que se salvan, esto es, a nosotros, es poder de Dios"* (1Cor. 1:18). El mismo Dios que habló al pueblo de Su pacto a través de Su palabra revelada, la Biblia, poniendo en alto la obra completa de la cruz en Cristo, nos habla hoy a través de ella, consolándonos y edificándonos por el Espíritu Santo. En este salmo, Dios da suficiente esperanza para no desmayar; para no caer en la locura de la cultura de despreciar la misericordia de Dios y la verdad de Dios. Para reconocer que, cuando Dios habla paz a Su pueblo y a Sus santos, ellos se fortalecen. Pero más aún, es una promesa de que Dios estará con Su pueblo hasta el fin. El mismo Dios que hirió con confusión el orgullo de Babel y con locura al tirano Nabucodonosor, te preservará con palabras de paz para no caer en lo mismo.

Desde el cabo de la tierra clamaré a ti, cuando mi corazón desmayare.
Llévame a la roca que es más alta que yo
-Salmos 61:2

Dios hizo tu corazón. ¿Puedes creerlo? Dios hizo este centro de vida que desde tu pecho bombea, oxigena y regula tu bienestar. En hebreo la palabra corazón fue usada para describir sentimientos, intelecto y la voluntad refiriéndose al centro de cualquier cosa. ¿Sabes cuánto dolor ha recibido tu corazón, el centro de tu voluntad, de tu intelecto y de tus sentimientos? Y todavía ruge, bombea o al menos trata. ¿Qué hacer cuando este centro es un corazón que desmaya y desfallece? ¿Qué hacer cuando es un corazón cansado, quebrantado, triste sin razón o insatisfecho? ¿Qué hacer cuando es un corazón rebelde, insistentemente pecador, traicionero de uno mismo?

El meollo del asunto

Nuestra cultura ha relegado la importancia de la existencia y la toma de decisiones al reino de las emociones. Muchos dicen: "Haz lo que te dicte el corazón", y aunque podría haber un aparente sentido de autenticidad en esto, ciertamente nuestro corazón no es un centro confiable de información ni mucho menos, nuestro mejor consejero. La Palabra afirma que: *"Engañoso es el corazón más que todas las cosas, y perverso; ¿quién lo conocerá? Yo Jehová, que escudriño la mente, que pruebo el corazón, para dar a cada uno según su camino, según el fruto de sus obras"* (Jer. 17:9-10).

Tu corazón necesita a Jesús

No solamente es por causa de la caída que nuestro corazón no es un recurso de apoyo fiable. Nuestro corazón, que es el centro de nuestra voluntad, nuestro intelecto y emociones, está diseñado para encontrar satisfacción solo en Dios. No está diseñado para ser una fábrica de ídolos, sino para ser centro de una adoración sublime. No está diseñado para ser un cuartel de melancolía y auto complacencia, sino de oxigenación intelectual, creativa y centro de apoyo al necesitado. Está diseñado para ser centro laborioso de acciones para Su gloria, un lugar de descanso y contentamiento en Dios y en la búsqueda constante de glorificarlo a Él. ¿Te has encontrado, como yo, rodeado de un esplendor de un amanecer radiante y no tienes emociones adecuadas de cómo responder de acuerdo a lo que estas viendo? Estás aletargado, soñoliento, inmune. Pablo oraba para que fueran alumbrados los ojos del centro de la voluntad y el intelecto de aquellos cristianos que estaban en la iglesia de Efesios. Pablo oraba: *"...alumbrando los ojos de vuestro entendimiento, para que sepáis cuál es la esperanza a que él os ha llamado, y cuáles las riquezas de la gloria de su herencia en los santos"* (Efe. 1:18). Es posible conocer y disfrutar algo de nuestra esperanza y herencia en Dios a través de Jesús cuando es alumbrando nuestro corazón en el poder del Espíritu Santo.

Desde el extremo de la tierra

Posiblemente, en este Salmo 61, David escribía buscando refugio de Absalom. Su hijo traicionó a David por razones políticas y ahora lo convoca para amenazarle y quedarse con su trono. David le imploraba a Dios diciendo: *"Llévame a la roca que es más alta que yo"* (v. 2). Interesantemente, usa en el principio de este verso *"Desde el cabo de la tierra clamaré a ti"*, y parece como decir: "clamo a ti desde el fin del mundo" o "te llamo desde lo más lejos que puedo estar de ti" o "me siento tan alejado como si estuviera en una isla solitaria llamando por tu ayuda". Lejos. Puedo imaginarlo en los desiertos desfalleciendo, sudando, cansado. Desde ese extremo en el que ya no puedes más, tu corazón clama al Señor por ayuda. David le dice: "Llévame a la roca que es más alta que yo"(v. 2). Oh qué roca sublime, la roca inconmovible de los siglos, la piedra que desecharon los edificadores, la roca que vino a derribar todos los reinos. Esa roca, Jesús, es mucho más alta que tú. La única en que te puedes apoyar y refugiar. En Él puedes subirte para ver la vida desde el punto de vista de Su sacrificio, desde la ventaja gloriosa y fresca de Su revelación, desde Su cuidado hermoso de Su inmutable ser. La roca más alta que tú te rescata una vez más desde el extremo de la tierra.

Que hoy puedas tener mejor visión, enjuagar tus ojos con el colirio de su sangre y que tu corazón se alarme, se vivifique, se recupere y se refugie al ver en el Evangelio cosas que ojos no vieron, ni oídos han escuchado .

Volvió el mar en seco;
Por el río pasaron a pie;
Allí en él nos alegramos.
-Salmos 66:6

Cómo negar la maravillosa realidad de los milagros de Dios por Su pueblo. Cómo no cantar y adorar Su carácter, Sus obras y Su poder. Este salmo está lleno de un cantar contagioso, una exuberancia en la adoración alegre del salmista hacia Dios. Aquí se promete que toda la tierra adorará a Dios (v. 4).

Hemos atomizado la experiencia religiosa

La historia de la salvación de Dios tiene en cuenta a un pueblo de Dios. Es un reino en común, una comunidad de fe, una familia. Un pueblo del pacto. Una identidad y destino. ¿Cuánto de tu devoción, experiencia y lecturas diarias de la Palabra lo ves solo en relación a ti como individuo y no en relación a todo el pueblo de Dios? Si bien es cierto que Dios quiere transformarte, no lo hará fuera de un contexto particular: tu familia, tu iglesia, tu comunidad, tu trabajo, tu país. De una gran manera, la Biblia es la autobiografía de Dios, pero también es la historia del pueblo de Dios. Cuánto hemos sufrido por hacer de la experiencia personal nuestra regla de fe y conducta cuando tenemos un amplio testimonio del pueblo de Dios en todos los siglos, que son una nube grande de testigos (Heb. 12:1). La historia de Dios es también la historia de Dios y Su pueblo.

Nuestro Dios es quién nos hace pasar por el mar en seco

Mira como escribe David celebrando en este salmo: *"Volvió el mar en seco"* (v. 6). El Dios de todo poder es quien secó milagrosamente el mar Rojo para que pudiera dar al mismo tiempo salvación al pueblo de Dios y juicio a los incrédulos. Como nos narra el libro de Éxodo: *"Y extendió Moisés su mano sobre el mar, e hizo Jehová que el mar se retirase por recio viento oriental toda aquella noche; y volvió el mar en seco, y las aguas quedaron divididas"* (Éxo. 14:21).

Nuestro Dios es el que nos hace pasar por el río a pie

Como si fuera poco, en la próxima generación hizo pasar al pueblo con Josué por el río Jordan, prácticamente haciendo eco de Su hazaña y Su gloria: *"Mas los sacerdotes que llevaban el arca del pacto de Jehová, estuvieron en seco, firmes en medio del Jordán, hasta que todo el pueblo hubo acabado de pasar el Jordán; y todo Israel pasó en seco"* (Jos. 3:17).

Nuestro Dios es el que nos prueba como a plata

El mismo que nos creó y nos salva en Jesús es el mismo que nos hace pasar por el fuego, por el agua, y nos saca a abundancia de vida (v. 12). Él permite nuestras aflicciones para Su propia gloria. Y como buen herrero pasa el metal por fuego para darle pureza, consistencia, fortaleza y forma. "Porque tú nos probaste, oh Dios; nos ensayaste como se afina la plata" (v. 10). ¿Pero cuántas de estas imágenes son parte de la historia del pueblo de Dios y cuánto para el pueblo de Dios hoy?

Allí en Él nos alegramos

Algo en común que tienen ambas historias es el sentido de memoria y de celebración que produjo Dios en estos actos milagrosos de salvación. Tan pronto el pueblo pasó el mar Rojo, estalló en adoración dándole gloria a Dios por una salvación tan grande. Al pasar los sacerdotes por el río, conmemoraron este milagro de Dios con 12 piedras tomadas del río Jordan como un monumento permanente de la fidelidad del Dios que hace camino en el desierto. ¿Tenemos el mismo Dios? Ciertamente. ¿Somos un solo pueblo? Definitivamente, Pablo nos dice en el libro de Efesios que debemos ser *"solícitos en guardar la unidad del Espíritu en el vínculo de la paz; un cuerpo, y un Espíritu, como fuisteis también llamados en una misma esperanza de vuestra vocación; un Señor, una fe, un bautismo, un Dios y Padre de todos, el cual es sobre todos, y por todos, y en todos"* (Efe. 4:3-6). ¿Cuánto estás tú hoy celebrando a nivel personal y colectivo con la iglesia el milagro más grande, el de la salvación por gracia en Jesús?

Que puedas alegrarte allí, pasando por el agua o por el fuego, solo en Él y junto con Su pueblo hoy y todos lo días, celebrar el milagro más grande de todos: corazones regenerados para Su gloria.

> *He aquí, Dios es el que me ayuda;*
> *El Señor está con los que sostienen mi vida.*
>
> **-Salmos 54:4**

David estaba rodeado de un grupo de personas que lo apoyarón cuando era perseguido por el rey Saúl y su ejercito de 3,000 soldados (1 S. 23.19; 26.1).No fuimos creados para estar solos. Tenemos amigos, familiares, compañeros de trabajo, hermanos, hijos, vecinos o cónyuges. Muchos de ellos contribuyen a afirmar, apoyar, asegurar, dar confianza, proveer y sostener tu vida. Este es uno de los regalos más grandes de la vida. Cada uno de estas personas contribuyen de manera significativa. Qué alegría tener un buen amigo en quien puedas confiar en tiempos difíciles, y en tiempos buenos, poder sonreír, hablar, reírse juntos o llorar. Aquí tienes una gran promesa para aplicar a tu vida hoy. Tú que estás esforzándote, tú que estás en el silencio obrando para Dios o tú que tienes pocos buenos amigos: *"He aquí, Dios es el que me ayuda; El Señor está con los que sostienen mi vida"*.

Dios es tu ayudador

Sea cual sea tu misión, el propósito es el mismo; glorificar a Dios y disfrutar de Él para siempre. Tus responsabilidades parecen ser muchas, pero tienes solo un día a la vez para realizarlas. Dios es tu ayudador. ¿Te has apoyado hoy en Él? Puedes clamar hoy como David: *"Oye, oh Jehová, y ten misericordia de mí; Jehová, sé tú mi ayudador"* (Sal 30:10).

Amigo de Dios

Tu que estás reconciliado con Dios y tienes paz con Dios; ¿Reconoces que ya no eres enemigo de Dios y que él te ofrece Su amistad? (Rom. 5) No se puede confiar en uno que no cumple sus promesas. Por esto Dios transforma el corazón de Abraham con fe, para creerle, seguirle y obedecerle. "Abraham creyó a Dios, y le fue contado por justicia, y fue llamado amigo de Dios" (Stg. 2:23). Que seas tu contado entre Sus amigos es verdaderamente increíble, es un privilegio que no se puede expresar bien con palabras. Dios no solamente es tu Dios: es también tu amigo y tu ayudador.

Él está con los que sostienen tu vida. Esto es un amor tan dulce como real. Jesús a sus discípulos les muestra el significado práctico y transcendente de su amistad:

"Nadie tiene mayor amor que este, que uno ponga su vida por sus amigos. Vosotros sois mis amigos, si hacéis lo que yo os mando. Ya no os llamaré siervos, porque el siervo no sabe lo que hace su señor; pero os he llamado amigos, porque todas las cosas que oí de mi Padre, os las he dado a conocer". (Juan 15:13-15)

Él ya puso Su vida por nosotros, nos ha dado a conocer su realidad y en amor ahora le servimos en obediencia y amistad. Jesús es el amigo que ama en todo tiempo y nuestro hermano en el tiempo de angustia (Prov. 17:17). Es tan real como la luz. ¿Acaso no lo puedes ver? Todo el apoyo que has recibido, todo el amor, todos los aparentes sacrificios, cómo te llena de bendiciones, cómo te rodea de Su favor. El Señor está con los que sostienen tu vida. No sospeches, no dudes, confía.

Quiera Dios que tu corazón descanse en esta promesa: Dios es el que te ayuda y que está entre los que sostiene tu vida hoy. Que la creas para las cosas grandes y pequeñas. Total, ¿qué cosa es grande en comparación a la grandeza Dios? Dios es el que me ayuda.

> *¿Por qué te abates, oh alma mía,*
> *Y te turbas dentro de mí?*
> *Espera en Dios; porque aún he de alabarle,*
> *Salvación mía y Dios mío.*
> **-Salmos 42:5**

¿Tienes idea como tu vida cambiará al aplicar las promesas de Dios? En tres ocasiones en el salmo 42 y 43 el salmista le habla a su propia alma:

"¿Por qué te abates, oh alma mía, Y te turbas dentro de mí?"

Él reconocía que la ansiedad de su alma era un problema. Fíjate bien que la raíz del abatimiento de su alma no fue la falta de conocimiento. El salmista describe a Dios en estos salmos como pleno, bondadoso, soberano, con amor paternal y paciencia para la humanidad. La insatisfacción y confusión de nuestra alma pueden hacernos tropezar. Una cosa es que tengas problemas externos (todos los tenemos) y otra muy diferente es que tu mente construya un diálogo destructivo que te arrebate la esperanza. El conocimiento de Dios no te exime a que en ocasiones tus sentimientos vayan en una dirección contraria a lo ya conoces sobre Dios. ¿Cuántas veces se levantan en tu pensamiento preocupaciones que quieren destruir tu vida con incredulidad, inseguridad y angustia? ¿Le puedes decir a tu alma como el salmista?

"¿Por qué te abates, oh alma mía, Y te turbas dentro de mí?
Espera en Dios; porque aún he de alabarle, Salvación mía y Dios mío".

¿Por qué estás abrumado sin ninguna razón? Espera en Dios. Y si tienes hoy razones para turbarte: ¿podrías confiar este momento en las manos de Dios? ¿Cómo puedes tu reemplazar la desesperanza y la altivez, la ansiedad de tu alma si no es con las mismas palabras de Dios? Solo saturados de Su Palabra nuestras angustias se desintegran. Solo llenos de fe, los temores pueden ser devorados por las promesas del Dios vivo. Solo así, en la plenitud del Espíritu, le

podemos predicar a nuestra propia alma y someterla a la sabiduría de Dios.
"¿Por qué te abates, oh alma mía, Y te turbas dentro de mí?
Espera en Dios; porque aún he de alabarle, Salvación mía y Dios mío".

Pon tu alma en perspectiva hoy, y dile: "Espera en Dios; porque aún he de alabarle". Recuérdale a tu alma las palabras de Dios en todo tiempo.

> *Tu Dios ha ordenado tu fuerza;*
> *Confirma, oh Dios, lo que has hecho para nosotros.*
>
> **-Salmos 68:28**

Fuerza Constante

Tú que a veces percibes que tienes más retos y responsabilidades de lo que tus fuerzas alcanzan: esto es para ti. Por años Josué estuvo dirigiendo el pueblo de Israel cuando declaró de esta manera: *"Ahora bien, Jehová me ha hecho vivir, como él dijo, estos cuarenta y cinco años, desde el tiempo que Jehová habló estas palabras a Moisés, cuando Israel andaba por el desierto; y ahora, he aquí, hoy soy de edad de ochenta y cinco años. Todavía estoy tan fuerte como el día que Moisés me envió; cual era mi fuerza entonces, tal es ahora mi fuerza para la guerra, y para salir y para entrar"* (Jos. 14:10-11).

¿Puedes tú entender que el Dios que separó a Josué para que liderara a Su pueblo es también nuestro Dios? Josué continuó durante su largo servicio con el vigor y la fuerza que proviene de Dios.

En su mano está la fuerza y el poder

De primera vista aparenta ser increíble que la soberanía de Dios gobierne hasta estos detalles íntimos que están tan cerca a nuestra capacidad y nuestra idea de autonomía; nuestras fuerzas y nuestro vigor. Pero bíblicamente hablando, son innumerables las referencias de que no solamente Dios es todopoderoso y la fuente de todo poder, sino que Él da fuerzas y poder a quien quiere; capacidad y vigor; fortaleza y esperanza; energía física, fuerza de voluntad, fuerza de carácter. Poder. Como está escrito en el primer libro de Crónicas: *"Las riquezas y la gloria proceden de ti, y tú dominas sobre todo; en tu mano está la fuerza y el poder, y en tu mano el hacer grande y el dar poder a todos"* (1 Crón. 29:12).

Dios ha ordenado tu fuerza

En varias ocasiones en este salmo 68 se le atribuye a Dios ser el dador de las fuerzas del pueblo de Dios. Mira: *"A tu heredad exhausta tú la reani-*

maste" (v. 9) y también *"El Dios de Israel, él da fuerza y vigor a su pueblo"* (v. 35). Dios se glorifica cuando reconocemos que todo proviene de Él, por medio de Él y para Él, incluyendo nuestra fuerza y vigor (Rom. 11:36). Cuando actuamos en las fuerzas que Dios nos da, reconociendo que provienen de Él, esto le atribuye gloria al dador de nuestras fuerzas y no solo a nuestro esfuerzo personal. Aquí podemos asentir con el salmista: mi Dios ha ordenado mi fuerza.

Confirma, oh Dios, lo que has hecho para nosotros.

David construía esta alabanza, tocando de cerca la historia del pueblo de Israel y adoración del pueblo a Dios. Él recordaba las maravillas de Dios en el desierto y las guerras ganadas por el poder de Dios. Recordaba la realidad de que cada día Dios nos colma de beneficios (v. 19). Recordaba también la hermosura y candor genuino de la alabanza de un pueblo desbordado para Dios. Los cantores, las doncellas con panderos y los reyes ofrendando. Pero todo esto es incomparable con la vista panorámica de Jesús sometiendo a todos los reinos de una vez y para siempre, muriendo y resucitando y volviendo en poder. Es este recordatorio de nuestra salvación tan grande, ese confirmar lo que Dios ha hecho por nosotros lo que llena de poder, fuerzas y emoción nuestra propia alma. Las palabras que Nehemías proclamaba no eran en vano cuando pronunciaba para siempre: *"el gozo de Jehová es nuestra fuerza"* (Neh. 8:10).

Fuerzas como el Búfalo

A veces pareces desfallecer ante la tarea que está puesta delante de ti. Dios ha ordenado tu fuerza, nuestras fuerzas. *"Él da esfuerzo al cansado, y multiplica las fuerzas al que no tiene ningunas. Los muchachos se fatigan y se cansan, los jóvenes flaquean y caen; pero los que esperan a Jehová tendrán nuevas fuerzas; levantarán alas como las águilas; correrán, y no se cansarán; caminarán, y no se fatigarán"* (Isa. 40:29-31). Dios ha puesto en orden todas tus capacidades y experiencias. Y las energiza hoy para Su gloria. Trabaja para la gloria de Dios, con todas tus fuerzas, en las fuerzas que da Dios. Descansa y duerme en paz sabiendo que el Señor es soberano y te hace vivir confiado. Recuerda que es Él quien aumenta tus fuerzas como el búfalo (Sal. 92:10) y el que te ciñe de poder para la batalla (Sal. 18:32).

Dios está por mí
Día 24

Esto sé, que Dios está por mí.
-Salmos 56:9b

Restablece tu confianza en Dios desde el Salmo 56. Aunque rodeado de
enemigos, David reconocía en quién poner su confianza. Puedes restaurar hoy la confianza que tienes en Dios, y lanzarte a la batalla reconociendo que Dios está por ti.

Alaba Su Palabra

Hay una cosa sorprendente que llama nuestra atención en este salmo.
Se repite en dos ocasiones:

"En Dios alabaré su palabra" (v. 4), y otra vez
"En Jehová su palabra alabaré" (v. 10).

Primero, el salmista estaba *"en Dios"* y no fuera de Dios. Hay dos tipos
de personas en el mundo: los que están en Cristo y los que están fuera
de Cristo. Estar en Él es unas de las descripciones más utilizadas en el
nuevo testamento para referirse a los cristianos. *"En él también vosotros,
habiendo oído la palabra de verdad, el evangelio de vuestra salvación, y habiendo creído en él, fuisteis sellados con el Espíritu Santo de la promesa, que
es las arras de nuestra herencia hasta la redención de la posesión adquirida,
para alabanza de su gloria"* (Efe. 1:13-14).

Luego, nota que él alaba Su Palabra. *"En Dios alabaré su palabra"* (v. 4),
y *"En Jehová su palabra alabaré"* (v. 10). Esto es, la Palabra escrita y la
Palabra viviente: Jesús el Verbo de Dios (Juan 1:1). Estar en Él por fe y
recrearte constantemente en Él estudiando y exaltando Su Palabra te trae
paz, seguridad y la confianza que tanto anhela nuestra alma.

En el temor, confianza

En segundo lugar, David no niega tener miedo, pero entiende cuál es la solución. Mira esto: *"En el día que temo, Yo en ti confío"* (Sal. 56:3).

En esos días grises, que son como despertar después de una paliza, recreamos en nuestra mente películas imaginarias del terror del porvenir. Es en esos y todos los días donde nuestra fe debe ser restablecida en el Señor. Día a día, todos los días. En el día que temas, sabes en quién puedes confiar. Y esto quiere decir que realmente entregas a Dios la preocupación del resultado, tu propio desempeño y las películas imaginarias de posibilidades. Y dices desde tu alma: Dios, Yo en ti confío.

Dios está por ti

La última clave para restablecer tu confianza en Dios es ésta: reconoce que nada te puede separar del amor de Dios. Si estás en Cristo, tus oraciones son escuchadas por el Padre, el Creador del universo. Si estás en Cristo, el Espíritu Santo mora en ti en abundancia; el mismo que resucitó a Jesús de entre los muertos. Si estás en Cristo, no estás solo: Él estará contigo hasta el fin. Estimula tu confianza porque si estas en Él, Dios no está en tu contra sino, que está por ti.

Observa:

"Esto sé, que Dios está por mí" (Sal. 56:9b).

Dios está por ti. Lo que significa que no solo Él conoce tus batallas, sino que pelea tus batallas. No solo ha permitido la prueba, sino que juntamente te ha dado la salida. Él no te ha negado a lo más preciado, Su Hijo, sino que lo ha entregado gratuitamente para tu rescate. ¿Cómo no estará por ti para cosas menores? Hoy es un día hermoso para aplicar estas promesas de Dios para tu vida: estando en Dios, tenemos Su compañía. Y, aun rodeado de situaciones y temores, reconoce que nada te puede separar del amor de Dios. *"Esto sé, que Dios está por mí"*.

Porque este Dios es Dios nuestro eternamente y para siempre;
Él nos guiará aún más allá de la muerte.

-**Salmos 48:14**

La muerte no es normal

La historia bíblica afirma que la condición original de los humanos era diferente: *"Por tanto, como el pecado entró en el mundo por un hombre, y por el pecado la muerte, así la muerte pasó a todos los hombres, por cuanto todos pecaron"* (Rom. 5:12).

No importa cuánto la normalicemos, la muerte no es normal. Entró al mundo y pasó a todos los hombres y mujeres, pero no era parte del mundo original y por eso nos afecta y nos duele. No es solamente por que no encontramos razones para su existencia. No es solamente por que parezca arrebatarnos lo que más amamos. Es por ser grotesca en su naturaleza, por ser destructora en esencia. Anormal. Y no importa cuánto queramos naturalizarla, nuestra alma parece distinguir nuestro propósito de vivir eternamente con Dios (Ecl. 3:11). ¿Podemos tener confianza en Dios para después de esta vida? La verdad es que sí. Dios es inmenso y podemos tener confianza no solamente para las cosas de esta vida sino para la venidera.

Dios se glorifica más allá de la muerte

Parece haber una barrera entre vivos y muertos. Es así. Mas sin embargo, la muerte que nos habla la Biblia es mucho más profunda que una muerte física: *"Y él os dio vida a vosotros, cuando estabais muertos en vuestros delitos y pecados"* (Ef. 2:1). Para cometer delitos y pecados hay que estar al menos vivo para pecar. Es así que el apóstol Pablo describe nuestra condición como que: *"estabais muertos"*. Ningún muerto puede pecar y mucho menos resucitarse a sí mismo. Sin embargo, Él nos dio vida aun cuando estábamos muertos espiritualmente.

La resurrección tiene un precio

La muerte es un imperio. Los efectos del pecado y la muerte son implacables. Enfermedad, degeneración, perversión, decadencia, letargo. Todo el que ha visto de cerca uno de los suyos morir reconoce el dolor que produce una larga cadena de sucesos que desemboca en la muerte o un mal repentino. Eso es por que la paga del pecado es muerte (Rom. 6:23). Sin embargo, hubo uno quien, con toda Su vida y obediencia perfecta, paga el castigo del pecado con Su propia vida y obtiene resurrección (¡Vida después de la muerte!). Con esto garantizó la relación viva con el pueblo que Él venía a salvar pues: *"El que cree en el Hijo tiene vida eterna; pero el que rehúsa creer en el Hijo no verá la vida, sino que la ira de Dios está sobre él"* (Juan 3:36). ¿Reposa la ira de Dios sobre ti? ó ¿ Ya has crees y descansa en Jesús tu castigo? Si es así ahora tienes los beneficios de Su vida en la tuya para siempre.

La muerte de la muerte, en la muerte de Jesús

Dios destruye al imperio de la muerte por medio de la muerte y resurrección de Jesús (Heb. 2:14) . Puede ser que lo veas ahora parcialmente, pero será seguro como la salida del sol. La muerte de la muerte es definitiva en Jesús: *"De la mano del Seol los redimiré, los libraré de la muerte. Oh muerte, yo seré tu muerte; y seré tu destrucción"* (Ose. 13:14a). Tenemos un Dios que es eterno y por tanto vive eternamente. El salmista podía decir: *"Este Dios, es Dios nuestro"*, y con esto no quería decir que Él era un objeto suyo, sino que mutuamente se pertenecían. ¿Puedes decir hoy: "mi amado es mío y yo soy de mi Amado"? ¿Puedes decir que ése es el Dios tuyo y que tú le perteneces? Pero este Dios no es tuyo solo por un tiempo, no es ni tan siquiera por la duración de esta vida corta de 80 o 100 años como mucho. *"Este Dios es Dios nuestro eternamente y para siempre"*. ¡Eternamente y para siempre!

Él nos guiará aún más allá de la muerte.

Atesora esta promesa por que dará descanso a tu alma. El Dios eterno que me pertenece y yo le pertenezco es quien ha enviado a su Hijo a morir y a destruir la muerte. Es quien me ha dado vida aún cuando yo estaba muerto en delitos y pecados. El mismo nos guía por esta vida corta, hostil, agridulce, compleja, marcada por los efectos de la muerte. Jesús nos guiará aún más allá de la muerte porque es Él quien ha podido vencerla. No temas.

*Por qué he de temer en los días de adversidad, Cuando la iniquidad
de mis opresores me rodeare? Los que confían en sus bienes, Y de la
muchedumbre de sus riquezas se jactan, Ninguno de ellos podrá en
manera alguna redimir al hermano, Ni dar a Dios su rescate
(Porque la redención de su vida es de gran precio, Y no se logrará jamás),
Para que viva en adelante para siempre, Y nunca vea corrupción.*

-Salmos 49:5-9

Describiendo el corazón lleno de tesoros terrenales

Como una radiografía, el escritor hace un análisis de la condición de sus
opresores cuando los describe de la siguiente manera: *confían en sus bienes*
(v. 6), *se enorgullecen de sus riquezas* (v. 6), *su íntimo pensamiento es que
sus casas serán eternas* (v. 11), *la muerte los pastoreará* (v. 14), *su camino es
locura* (v. 13), *dan sus nombres a sus tierras* (v. 11), *cuando muera no llevará
nada* (v. 17), *mientras vive, llama dichosa a su alma* (v. 18).

El poder que no satisface

Podría existir la posibilidad que ser un rico envanecido es más difícil de
lo que parece. Te invito a que sientas el peso existencial de esto. Vivir con
la verdad de que nada de lo que tienes en realidad te satisface. Hacerte la
película diaria de que eres más importante que el resto del universo. Ser
esclavo de la aprobación de tus círculos internos. Sospechar aún de tus
familiares. Ser adicto a la preocupación que traen tus seguridades ter-
renales. Con libertad fraudulenta, existir para preservar la vanidad. Pero
según los describe aquí este Salmo, estos ricos poderosos y envanecidos,
mientras llaman dichosa a su propia alma, no reconocen lo que les espera.
¿Están locos? El salmista diría que sí porque, cegados por las riquezas, que
parecen ofrecerles seguridad, exclusividad y poder, la verdad de la vida
eterna continua siendo para ellos irrelevante. Por ahora.

Ningún rico puede pagar el precio

No me extraña que una de las razones que dan los Salmos para no temer
a tus opresores ricos y envanecidos es que nada del poder de sus riquezas
los pueden salvar en el día del juicio final. Esta es nuestra condición uni-
versal. Oye, a lo mejor tú no eres un rico envanecido pavoneándote con tu

estilo de vida, pero no por eso cargas menos orgullo cuando dices que tú puedes pagar el precio por tus propios pecados delante de Dios. Cuando pretendes ser autosuficiente para tu salvación, escupes en el rostro del Único que ya ha pagado el precio. ¿En realidad piensas que tú podrás rescatar tu vida delante del juicio de Dios con tus buenas obras? Mira lo que dice este salmo: *"Los que confían en sus bienes, Y de la muchedumbre de sus riquezas se jactan, Ninguno de ellos podrá en manera alguna redimir al hermano, Ni dar a Dios su rescate (Porque la redención de su vida es de gran precio, Y no se logrará jamás)"* (v. 6-8). Tu vida vale más de lo que todas las riquezas juntas no pueden comenzar a pagar. ¿Piensas tú que algunas de tus buenas obras puede comprar la eternidad? Cuando haces esto, escupes en el rostro de Jesús y le dices: "No te necesito. Tengo conmigo cómo pagar el precio por mis pecados: mis buenas obras para salvación".

Tanto el pobre como el rico, los que están en posiciones privilegiadas como los que no, son confrontados con la verdad de Su Palabra. El único que puede pagar el precio por tu alma es el mismo Dios a través de la vida de Su Hijo: *"Pero Dios redimirá mi vida del poder del Seol, Porque él me tomará consigo"* (v. 5). Deja que Él te tome hoy, y escapa de la ira por venir. No tienes que cargar con la expectativa de juicio que cae diariamente sobre tus espaldas. Ni tampoco puedes pagar tan alto precio.

Ricos en Cristo

Si eres parte del redil de Dios, no solamente eres llamado hijo, sino también heredero de Dios y coheredero con Cristo (Rom. 8:17). Has sido llamado *"para que viva en adelante para siempre, Y nunca vea corrupción"*. Ya fuiste enriquecido con todas las cosas en Él (1 Cor. 1:7) y cuentas con Sus riquezas en gloria (Fil. 4:19). Jesús nos pide que no nos regocijemos tanto en lo que podemos hacer por Él, sino en lo que Él ya hizo por nosotros escribiendo nuestros nombres en el libro de la vida (Luc. 10:20). Nuestro orgullo está bajo raya. Nuestras riquezas, seguras en el reino eterno. Nuestro corazón, donde está nuestro tesoro. Y no hay otra riqueza como la comunión con el que es verdaderamente Rico en todo, en Vida y en Plenitud. Quiera Dios que hoy Él comparta contigo de sus riquezas en gloria y seas satisfecho en Él.

Bendice, alma mía, a Jehová, no olvides ninguno de sus beneficios.

-**Salmos 103:2**

Hace varios días, busqué en mi computadora personal en un servicio de archivo de fotos, todas las fotos sacadas en el último año. No pude hacer más que quebrantarme y dar gracias a Dios por sus bondades. Ver con mis propios ojos la fidelidad de Dios y su bondad de crear experiencias memorables para mi familia, para Su iglesia y también para mí. Con mis propios ojos ver a mi esposa fiel, a mis hijos crecer y reír, cumplir algunos planes, tener la provisión diaria, un techo, un trabajo, una familia extendida; un pequeño sabor del reino de Dios sobre la tierra. Si contamos Sus obras no pueden ser enumeradas, pero ¿con qué facilidad borramos las buenas memorias de nuestra vida? ¿Con qué velocidad descartamos a Dios trabajando en lo ordinario?

Trae a la memoria Sus beneficios para contigo

El salmista tenía un principio bíblico de recordarle a su alma los beneficios de Dios. Y esto es sumamente importante. Es importante pues en nuestra naturaleza caída y en nuestro pecado remanente queda el síndrome de la ingratitud. La raíz de la ingratitud es un apetito insaciable, pero la naturaleza de la ingratitud es borrar de la memoria la gloria de Dios y los beneficios de Dios para contigo. Eso te hace creer la mentira de tu autosuficiencia. La ingratitud le dice a Dios sin palabras: "Yo lo hubiese hecho mejor", o "Nada de lo que haces por mí es suficiente", o "Ya ves Dios, Tú no entiendes". Por esto uno de los medios para dar gracias es traer a la memoria sus beneficios.

Él es quien perdona todas tus iniquidades

Estamos en un ciclo interminable de deuda con Dios. Esencialmente, no podremos dar de vuelta a Dios ninguna cosa que Él ya nos ha regalado antes, ni tampoco Él necesita nada de nosotros. Podría entonces parecer piadoso, ser agradecidos. Pero aunque el corazón agradecido es sumamente importante y de la naturaleza de la salvación por gracia, no es la motivación principal por la cual estamos en paz con Dios. Estamos en paz con Dios porque, en Jesucristo, Dios ha perdonado todas nuestras iniquidades. En otras palabras, Jesús es suficiente. Punto. Si vivimos en paz con Dios es por que hemos recibido el regalo más costoso, más grande y con repercusiones infinitas. En Jesús, Dios ha perdonado toda nuestra deuda de transgresiones y pecados, inclusive, nuestra ingratitud. Y nos ha dado una eternidad segura en la presencia de Dios, teniendo acceso a todos los beneficios de Dios en Jesús. Esta única razón es suficiente para ser eternamente agradecidos a Él.

En el libro de Lucas, vuelven 70 discípulos de Jesús gozosos por haber hecho algunos exorcismos, sin embargo, Jesús les muestra una fuente de mayor gozo supremo: Jesús dice: *"Pero no os regocijéis de que los espíritus se os sujetan, sino regocijaos de que vuestros nombres están escritos en los cielos"* (Lucas 10:20). La fuente primaria de nuestra satisfacción y gozo son las repercusiones de la vida, muerte y la resurrección del Hijo de Dios: estar escritos en el libro de la vida. Cualquier cosa que nosotros hacemos para la gloria de Dios, solo es consecuencia de la salvación por gracia. Dios mismo es nuestra gloria y no nuestras mejores obras.

Que en este día puedas ver las repercusiones eternas del regalo más grande: la salvación. El autor de la fe perdona todas tus iniquidades para que seas agradecido. No olvides ninguno de sus beneficios.

Fuera de ti nada deseo en la tierra
Día 28

¿A quién tengo yo en los cielos sino a ti?
Y fuera de ti nada deseo en la tierra.
Mi carne y mi corazón desfallecen;
Mas la roca de mi corazón y mi porción es Dios para siempre.
-Salmos 73:25-26

La suficiencia en Dios y el destino de los malos

La suficiencia en Dios apremia más cuando vemos las condiciones aparentemente injustas y en nuestra contra. Este salmo fue compuesto en medio de una angustia existencial donde el salmista veía a los ricos prosperar y vivir una vida de placer al extremo. Describía a ellos de la siguiente manera; *"se mofan y hablan con maldad de hacer violencia"*, *"hablan con altanería"*, *"ponen su boca contra el cielo y su lengua pasea la tierra con soberbia"*. ¿Pero por qué parece injusto que el malo prospere? Porque intuitiva y falsamente relacionamos prosperidad material con un galardón espiritual.

La suficiencia en Dios apremia más cuando no podemos manejar nuestros deseos de pertenecer

Aunque ser rico no es sinónimo de ser malvado, es común ver estas cualidades juntas en nuestra cultura. En general, la cultura promueve a estos tres indicadores de felicidad: los deseos de la carne, los deseos de los ojos y la vanagloria de la vida en las formas de riquezas, fama y poder. Y el corazón del asunto es este: no solamente queremos ser amados y prosperados, queremos ser adorados y sin Dios que lo detenga. Eso es a veces justo lo que nosotros mismos queremos. El salmista sufría angustiándose con la realidad de ver al malvado prosperar y se lo expresa a Dios: *"En cuanto a mí, casi se deslizaron mis pies; Por poco resbalaron mis pasos. Porque tuve envidia de los arrogantes, Viendo la prosperidad de los impíos"* (v. 2-3). Él sabía lo perjudicial que sería imitarlos a ellos y el costo era la condenación de muchos, pues: "Si dijera yo: Hablaré como ellos, He aquí, a la generación de tus hijos engañaría" (v. 15). Esta es la fuerte tentación de un mundo que nos dice que pertenezcamos a él, cuando ya andamos muertos al mundo y resucitados para Dios.

La suficiencia en Dios apremia más cuando estamos insatisfechos en la bendición que es Él es para nosotros

Todo lo que no proviene de Dios aparenta darnos un sentido de bienestar y pertenencia, pretendiendo alterar los fundamentos de nuestra verdadera identidad en Cristo. Como dice el apóstol Juan: *"Porque todo lo que hay en el mundo, los deseos de la carne, los deseos de los ojos, y la vanagloria de la vida, no proviene del Padre, sino del mundo. Y el mundo pasa, y sus deseos; pero él que hace la voluntad de Dios permanece para siempre"* (1 Juan 2:16-17). En diferentes ocasiones no tenemos las ganas o los sentimientos correctos para referirnos a la grandeza de nuestro Dios. Podrás decir como el salmista, *Mi carne y mi corazón desfallecen.* Nuestro quebranto, cansancio o anhelos personales compiten contra la atención merecida y el resplandor de Su gracia día a día. Pero la Palabra no nos deja sin respuesta para cuando estamos en angustia y cuando la auto-compasión nos quiere derrumbar. *Mas la roca de mi corazón y mi porción es Dios para siempre.*

¿A quién tienes en los cielos?

Fue en la presencia de Dios donde él encontró respuestas: *"Cuando pensé para saber esto, Fue duro trabajo para mí, Hasta que entrando en el santuario de Dios, Comprendí el fin de ellos" (*v. 16-17). La suficiencia en Dios apremia más cuando conocemos el destino de los malos y la misericordia de Dios con Su pueblo. Y en la presencia de Dios el duro trabajo para ti es liviano para Él. Podrás decir en tu corazón: "Que los malos sigan prosperando, pues algún día verán la justicia del Todopoderoso, mientras tanto hay una lucha que ganar: la batalla de mi corazón. ¿A quién le pertenece?"

El salmista decía: *¿A quién tengo yo en los cielos sino a ti? Y fuera de ti nada deseo en la tierra* (v. 25). Hasta que tu cántico no sea este, querido amigo, te queda mucho por perder. Hasta que la suficiencia de la salvación de Dios en Cristo no llene de amor tus huesos, sacie todas tus heridas y te limpie a tu verdadera identidad, te falta mucho por perder. ¿A quién tienes en los cielos intercediendo frente al Padre, velando por tu bienestar físico y espiritual? A Jesús tu amigo, tu abogado defensor, tu Dios Soberano. Mi oración es que desees vivir tan satisfecho en Dios y tan desprendido en el mundo como si nada fuera de Él desearas en la tierra. Tu corazón y tu carne podrán desfallecer, pero la roca de tu corazón y tu porción es Dios para siempre.

Crea en mí, oh Dios, un corazón limpio,
Y renueva un espíritu recto dentro de mí.
-Salmo 51:10

La Biblia describe a David como un hombre conforme al corazón de Dios y como un pecador de la peor clase: homicida, adúltero, adicto al poder y mentiroso. El salmo 51 sucede después de ser confrontado por el profeta Natán (2 Samuel 12), y contiene al menos 7 verdades sobre la restauración.

Todos somos pecadores
La dura realización de que nuestras faltas son más profundas de lo que podemos imaginar se describe en la doctrina bíblica sobre el pecado: *"He aquí, en maldad he sido formado, Y en pecado me concibió mi madre"* (v. 5). No es simplemente una cuestión de educación o de comportamiento, nuestra condición humana es miserable, producto del pecado original. Y el hombre conforme al corazón de Dios no había podido evitar el ser concebido en pecado.

El pecado primeramente es vertical
Todo pecado que realizamos es primeramente hacia Dios y luego es hacia las otras personas. Solo Dios define lo que es pecado y pecamos principalmente contra Él, pues Él es infinitamente valioso y Santo. Una vez comprendamos esto, entendemos la gravedad del asunto: *"Contra ti, contra ti solo he pecado, Y he hecho lo malo delante de tus ojos; Para que seas reconocido justo en tu palabra, Y tenido por puro en tu juicio".* (v.4)

El evangelio son las Buenas Noticias
Solo aquél que ha entendido el peso de su condición necesita la solución: Jesús. David no solamente tenía conciencia de pecado, también tenía memoria de que su pecado era grave ante los ojos de Dios (v. 3). El evangelio solo hace sentido a pecadores. Son noticias dulces de que, aun siendo pecadores, Jesús muere en favor de aquellos que creen en Él para la salvación eterna. Esto son buenas noticias: *"Hazme oír gozo y alegría, Y se recrearán los huesos que has abatido. Esconde tu rostro de mis pecados, Y borra todas mis maldades"* (v. 8-9).

Los nuevos corazones se obtienen de la mano de Dios

Tanto la regeneración (nacer de nuevo para Dios) como la restauración (estar en el estado espiritual previo) provienen de Dios por gracia: *"Crea en mí, oh Dios, un corazón limpio, Y renueva un espíritu recto dentro de mí"* (v. 10).

La restauración es posible

No hay razones para asumir que en el punto más bajo de David, él no conociera al Señor. Sin embargo, en su pecado remanente, llegó a realizar unas de las conductas pecaminosas más desagradables ante los ojos de Dios. Pero el Dios que en primera instancia lo hizo nacer de nuevo podría también restaurarlo y preservarlo hasta el fin. *"No me eches de delante de ti, Y no quites de mí tu santo Espíritu"* (v. 11).

Tu experiencia de gracia le servirá a los demás

Aun cuando el profeta le daba las terribles noticias de juicio, y David reconocía su pecado, también recibía las buenas noticias del evangelio: *"No morirás"* (2 Sam. 12:13). Pero esto no lo eximía de que hubiera consecuencias graves por su pecado. Su imperio y reinado fue en decadencia, hubo muerte de este hijo concebido y juicio masivo de parte de Dios en Israel. Su liderato fue menguando y muchas relaciones fueron quebrantadas para siempre. Sin embargo, Dios utilizó la experiencia de la restauración de David para mostrar a otros Su gracia. Aun en el momento más bajo de su vida, los propósitos de Dios se mostraban para su restauración futura: *"Vuélveme el gozo de tu salvación, Y espíritu noble me sustente. Entonces enseñaré a los transgresores tus caminos, Y los pecadores se convertirán a ti"* (v. 12-13).

La verdadera adoración proviene de un corazón agradecido

La verdadera adoración se expresa no solo en un corazón arrepentido, sino de un corazón perdonado, rescatado y agradecido, restaurado y lleno del reconocimiento de Dios. *"Líbrame de homicidios, oh Dios, Dios de mi salvación; Cantará mi lengua tu justicia. Señor, abre mis labios, Y publicará mi boca tu alabanza. Porque no quieres sacrificio, que yo lo daría; No quieres holocausto. Los sacrificios de Dios son el espíritu quebrantado; Al corazón contrito y humillado no despreciarás tú, oh Dios"* (v. 14-17).

> *Tu pueblo se te ofrecerá voluntariamente en el día de tu poder,*
> *En la hermosura de la santidad.*
> **-Salmos 110:3**

Jesús es el verdadero Rey

El salmo 110 está más citado en el Nuevo Testamento que cualquier otro Salmo. No es casualidad. Jesús aparece muy claro aquí. Tan claro que es evidente que este salmo proyecta la esperanza de un Mesías por venir, que es un sacerdote eterno, un verdadero profeta y un rey soberano. Comienza David diciendo: *"Jehová dijo a mi Señor: Siéntate a mi diestra, Hasta que ponga a tus enemigos por estrado de tus pies"* (v. 1). Nota que uno de los argumentos que utiliza Jesús en el Nuevo Testamento para dar a conocer Su deidad es esta porción:

"Y estando juntos los fariseos, Jesús les preguntó, diciendo: ¿Qué pensáis del Cristo? ¿De quién es hijo? Le dijeron: De David. El les dijo: ¿Pues cómo David en el Espíritu le llama Señor, diciendo: Dijo el Señor a mi Señor: Siéntate a mi derecha, Hasta que ponga a tus enemigos por estrado de tus pies? Pues si David le llama Señor, ¿cómo es su hijo? Y nadie le podía responder palabra; ni osó alguno desde aquel día preguntarle más" (Mat. 22:41-46).

Jesús no solamente era descendiente de la genealogía de David; lo más importante es que es el Rey de David y el Rey del universo.

Jesús es el verdadero sacerdote

Jesús es el sacerdote eterno que intercede ante el Padre por los pecados de Su pueblo. *"Juró Jehová, y no se arrepentirá: Tú eres sacerdote para siempre, Según el orden de Melquisedec"* (v. 4). El autor de Hebreos explica la porción de la siguiente manera: *"Y los otros sacerdotes llegaron a ser muchos, debido a que por la muerte no podían continuar; mas éste, por cuanto permanece para siempre, tiene un sacerdocio inmutable; por lo cual puede también salvar perpetuamente a los que por él se acercan a Dios, viviendo siempre para interceder por ellos"* (Heb. 7:23-25).

Jesús, el verdadero profeta

"El Señor está a tu diestra; Quebrantará a los reyes en el día de su ira" (v. 5). Solo a Jesús le es dado el cumplimiento de todo ministerio profético (Heb. 1:1-2). Quebrantar a los reyes y poderosos con el poder de Su Palabra. Solo Jesús está en este instante a la diestra del Padre. Y es solo por virtud de Su obra que la iglesia tiene la función profética de ir a predicar el evangelio a toda la tierra (Mar. 16:19-20).

Tu pueblo se te ofrecerá voluntariamente

El gran Día Final que los profetas, apóstoles y Jesús anticiparon será un día como ningún otro. La historia cambiará para siempre nuevamente. Pero ahora el tiempo dejará de ser, Jesús juzgará a las naciones y todo el pueblo de Dios será reunido con Él para siempre. *"Tu pueblo se te ofrecerá voluntariamente en el día de tu poder, En la hermosura de la santidad"* (v. 3). La imagen que hay aquí es de un monarca que va a la guerra y sus valientes salen de sus aldeas y se ofrecen voluntariamente para servirle a la batalla. Qué hermoso el corazón voluntario de un pueblo voluntario que sabe que todas las batallas ya han sido ganadas por Cristo y que estar en esta guerra es un privilegio (Rom. 12:1).

Atraídos por la belleza

Por alguna razón, estamos inexplicable atraídos por la belleza. Estamos construidos de una forma en la que la belleza se nos hace accesible y familiar. Este pueblo que se ofrece voluntariamente y lo hace en la *"hermosura de la santidad"*, un genuino e irresistible resplandor incomparable; este pueblo que alaba en la belleza de la santidad sabe que su belleza refleja otra Mayor. La belleza del resplandor del rostro de Dios en Su Hijo, Jesucristo.

Quiera Dios que hoy reconozcas que Su Palabra es cierta, firme y confiable. Segura. Y que seas ofrecido voluntariamente en la hermosura de la santidad adquirida y progresiva hoy y todos los días, hasta el día de Su Poder.

> *Como el padre se compadece de los hijos,*
> *Se compadece Jehová de los que le temen.*
> *Porque él conoce nuestra condición;*
> *Se acuerda de que somos polvo.*
> **-Salmos 103:13-14**

Bienvenido al planeta Tierra

El polvo nos recuerda que no estamos en el cielo. Por más que condiciones tu hogar, siempre encuentra entrada. Ese polvo es materia en descomposición. Partículas finas de miles de objetos u organismos que están decayendo. Asombrosamente este versículo enlaza la paternidad de Dios, con los orígenes y el destino del hombre. Dios es quién con sus mismas manos creó a Adán del polvo de la tierra (Gén. 2:17), y, bajo la maldición de la muerte, la humanidad regresa al polvo al descomponerse (Gén. 3.19).

El Padre conoce tu origen

Él conoce nuestra condición. Él se acuerda de que somos polvo y con esto revela el carácter compasivo de Dios. Se acuerda de qué fuimos creados, que fuimos caídos, que somos frágiles. Él se acuerda de que "somos" polvo y no que "seremos" polvo. Él conoce nuestra presente condición y conoce la brevedad de nuestra vida. *"Como el padre se compadece de los hijos, Se compadece Jehová de los que le temen"* (v. 13).

El Padre ama a Su Hijo

El Padre celestial proclama sobre Su Hijo Jesús en presencia de muchos testigos;: *"Éste es mi hijo amado en quien tengo complacencia"* (Mat. 3:17). El Padre tiene completa satisfacción en Su Hijo Jesús. Piensa en esto. Dios tiene placer en Su Hijo. Cualquier niño se siente robustecido en confianza teniendo un padre amoroso. Pero aún si no hubieras tenido esa experiencia, estás a tiempo de experimentar el mayor Amor. Algo parecido como cuando miras a tus hijos y los encuentras irresistibles, y te llenas de una sobredosis de amor por ellos. Dios tiene perfecta complacencia y encuentra placer en amar a Su Hijo, Jesús.

SALMOS : 40 DÍAS EN COMUNIÓN CON DIOS

Jesús mismo, intercede ante Su Padre para que el mismo amor y la misma unidad que el Padre tiene con el Hijo esté ahora con todos los creyentes. Jesús oraba de esta manera en Juan 17:23: *"Yo en ellos, y tú en mí, para que sean perfectos en unidad, para que el mundo conozca que tú me enviaste, y que los has amado a ellos como también a mí me has amado".* Parece increíble. No solamente se compadece de aquellos que le temen, recordando su frágil condición, ahora en Jesús el Padre nos ama con el mismo amor y complacencia con que ama a Jesús. El amor de Dios se extiende a nosotros a través de Su Hijo y en el Espíritu. *¡Nos dio potestad de ser hijos suyos!* (Juan 1:12)

Bienvenido a la Familia de Dios

Tenemos tantos ejemplos del amor paternal de Dios en la Biblia que no terminaríamos. Su protección, Sus cuidados, Su comunión y Su disciplina paternal está por todas partes. Y esto es uno de los motivos de dar gracias hoy. Poder experimentar el amor y cuidado paternal de Dios. No solamente se compadece de nosotros sino también se complace en nosotros, y, por medio de Jesús, podemos pertenecer a la familia de Dios. Él conoce tu condición. No te dejará en polvo de la muerte.

"Así que ya no sois extranjeros ni advenedizos, sino conciudadanos de los santos, y miembros de la familia de Dios" (Efe. 2:19).

> *El riega los montes desde sus aposentos;*
> *Del fruto de sus obras se sacia la tierra.*
>
> **-Salmos 104:13**

Si existe diseño, fue pensado antes

Cada obra que describe el salmista en el salmo 104 nos informa sobre la majestad de Dios cuidando Su creación. David describe geografías, animales, mares, hombres, frutos y productos todos siendo conectados por una cosa: el diseño y la providencia de Dios. ¿Has pensado en esto? Si existen nubes que broten agua, Dios lo ha diseñado antes. Si existen piedras que resulten para hogar para unos conejos, Dios lo ha pensado antes. Si existe pan, aceite y vino para nosotros, Dios lo ha pensado antes. Todas las cosas Dios las ha creado con sabiduría (v.24). Si existe diseño, Dios lo ha pensado antes.

Podemos depender de Dios

Como criaturas creadas por Dios podemos depender de Dios para nuestra provisión. No es casualidad que el salmista utilice la imagen de todos los animales dependiendo activamente de Dios para su comida. No es casualidad que Jesús utilice imágenes de animales para fomentar en nosotros un sentido de confianza: *"Por tanto os digo: No os afanéis por vuestra vida, qué habéis de comer o qué habéis de beber; ni por vuestro cuerpo, qué habéis de vestir. ¿No es la vida más que el alimento, y el cuerpo más que el vestido? Mirad las aves del cielo, que no siembran, ni siegan, ni recogen en graneros; y vuestro Padre celestial las alimenta. ¿No valéis vosotros mucho más que ellas?"* (Mat. 6:25-26)

Tu afán le resta gloria a Dios

El afán que parece ser una adicción en estos días, lejos de ser una actividad fructífera, es producto directo de nuestra desconfianza en un Dios que provee por todas nuestras necesidades. El afán trata de matar nuestra contemplación a Dios y a Su providencia, y asfixia nuestra esperanza. Es un falso sentido de estar en control y ocupado cuando los factores son muchísimo más complejos de lo que podemos manejar. Existe un sin número de factores que limitan o causan una acción particular, y Dios está en control de todos ellos. No solamente Él ya ha diseñado el curso de las cosas y las funciones de sus criaturas, también está activamente y misericordiosamente proveyendo para Su creación. Como dice el versículo 13: *"El riega los montes desde sus aposentos; Del fruto de sus obras se sacia la tierra"*.

La obra que siempre sacia

La vida, muerte, resurrección y gloria de Jesús es la obra de Dios que siempre nos sacia. En Su provisión y Su diseño, Dios envío a Su Hijo desde el cielo a satisfacer la ira que merecía nuestro pecado pasado, presente y futuro. Como un torrente de lluvia abundante, Jesús habló palabras de vida que transforman naciones, pueblos, gentes, familias e individuos. Con Su obediencia perfecta, Jesús nos dejó un cumplimiento completo a la ley y la imagen viva de cómo vivir. Con Su resurrección, nos dio la evidencia que satisfacía todos los requisitos de ser el Mesías que ha vencido la muerte, y nos garantizó vivir con Él eternamente. Con Su levantamiento, aseguró que así mismo volvería, y, desde Sus aposentos, envió al Consolador para que desde lo alto viniera repartido con señales increíbles de amor y de poder. Hoy Él continua "regando los montes desde sus aposentos" para que las buenas noticias del evangelio sigan siendo esparcidas a todas las naciones. Hoy la tierra continúa siendo saciada del fruto de Sus obras. Hoy los frutos de sus actos tienen repercusiones eternas.

Dispuesto
Día 33

Mi corazón está dispuesto, oh Dios;
Cantaré y entonaré salmos; esta es mi gloria.
-Salmos 108:1

Este salmo comienza con una disposición competa del corazón del escritor para Dios y termina con una canción de victoria: *"En Dios haremos proezas, Y él hollará a nuestros enemigos"* (v. 3) ¿Es tu gloria regocijarte en el Señor? ¿Intimar con Él y decirle todas las cosas? ¿Esta tu corazón dispuesto y deseoso y ferviente por Dios?

Si es así, tienes la ventaja de un corazón animado, contento y feliz. O como diría mi progenitora: "Alegre, contento y feliz." Un corazón dispuesto para Dios es un tesoro invaluable. Para un corazón dispuesto, sus circunstancias son secundarias, alabar es su prioridad y no es la obligación de un servicio, sino el placer de la plenitud. Actúa en el privilegio de obedecer y reconoce que el precio de la obediencia será provisto con gracia suficiente para toda hora.

El interés de un corazón dispuesto para Dios ahnela crecer más en la gracia y la revelación de Dios. Lo que desea es mayor consagración, mayor santidad, más plenitud, más llenura. Procura que todos los rincones escondidos de su corazón sean expuestos por la luz de Cristo. Y quiere que no quede nada más que un corazón consumido y satisfecho en Su Gloria. Un corazón dispuesto para Dios le dice a los objetos que le rodean: "Sean útiles para la alabanza de Dios". Le dice a la naturaleza: "levántate pues vamos a adorarle hoy". Le dice a su salterio y su arpa: "despiértate", y él amanece primero para despertar la mañana.

Un corazón dispuesto para Dios no teme adorarlo entre la gente. No teme lo que digan de él pues está satisfecho en Dios, completamente. Lo pudiera adorar en China o en Pakistán; en Venezuela o en Vietnam. Para él es lo mismo, porque ve que existe un Dios que gobierna sobre todos. Y las naciones le son a su Dios como una gota que se cae de un cubo de agua.

Un corazón dispuesto es uno que procura que la satisfacción que tiene en Dios sea compartida. Es un Dios muy grande para ser privado. Aquel que tiene autoridad en el cielo, en la tierra y debajo de la tierra, le manda hacer discípulos por todas las naciones en el poder de su Espíritu. Un corazón dispuesto, mide bien las palabras pues con ellas difunde de Dios las promesas y con ellas construye una generación nueva y procura que no sean sus ideas, sino proclamar las de el Dios que le ha hecho dispuesto primeramente.

Un corazón dispuesto para Dios reconoce que fue solamente por gracia y que fue por medio de una fe que no es de nosotros, sino que es un regalo de Dios. Él ha creído para salvación. Reconoce que solamente Jesús, el Hijo de Dios siendo Dios y hombre pudo morir y remplazarlo en su lugar, justificándolo gratuitamente. Y que Su Palabra es verdadera, útil, suficiente. Es la fuente de vida infinita. El corazón dispuesto para Dios solo busca la gloria de aquel que lo llamo de las tinieblas a la luz. Y no puede esperar por vivir eternamente en Su presencia.

Un corazón dispuesto para Dios se ha decepcionado con las apariencias, y ha sido traicionado tantas veces que no encuentra ya ninguna dependencia en los hombres, mujeres o niños. Solo un Dios que lo sostiene no puede traicionarlo y el pueblo que a Dios ame le será Su amigo. Certeza tiene el corazón dispuesto en que puede tirarse en los brazos su Padre Celestial con la confianza de un niño. Por esto, ¿cuántas cosas hará Dios por medio de un corazón dispuesto? En Dios haremos proezas.

Por último, el corazón dispuesto confía que Dios continuará combatiendo a todos Sus enemigos; enemigos internos y externos. El pecado, el mundo, el maligno. Y el último enemigo que será destruido será la muerte.

Anímate hoy amigo a entonar las alabanzas a Dios pues ésa es la única gloria de un corazón dispuesto.

Señor, tú nos has sido refugio
De generación en generación.
-Salmos 90:1

Refugio es una palabra que se utiliza para el lugar en donde podemos resguardarnos hasta que pase la tormenta o el juicio. Él nos ha sido refugio porque Él está totalmente satisfecho en sí mismo, es inamovible y es eterno. *"Antes que naciesen los montes Y formases la tierra y el mundo, Desde el siglo y hasta el siglo, tú eres Dios"* (v. 2). Antes de la creación, Él es Dios. Los versículos 3 al 10 describen la condición de la humanidad viniendo a términos ante esa realidad. Es descrita la condición humana aquí como frágil (v. 6), temporal (v. 4), malvada (v. 8), en decadencia (v. 9), vana (v. 9), fútil (v. 10) e ignorante (v. 11).

Pero Dios ordena a la obra de salvación cuando dice: *"Vuelves al hombre hasta ser quebrantado, Y dices: Convertíos, hijos de los hombres"* (v. 3). Dios hace volver al principio al hombre, al punto original de partida. Lo hace recapacitar y lo hace responder. Lo hace reflexionar en el quebrantamiento, para que vuelvan a Dios mismo. ¿Acaso este llamamiento será ineficaz? ¿El que habla desde los cielos podrá ser enmudecido? Él hace todo esto suceder por el poder de Su Palabra. Este Dios que es refugio, es también un Dios personal, por esto es que Moisés oraba a Dios rogando varias cosas aquí.

Enséñanos- *"Enséñanos de tal modo a contar nuestros días, Que traigamos al corazón sabiduría"* (v. 12). Con cuánta prioridad debemos poner el nombre de Dios por alto y el Reino de Dios y Su justicia como nuestro más alto deber. Los días son pocos y necesitamos *"traer al corazón sabiduría"* que ya ha sido revelada por medio de Su Palabra escrita. Moisés le pide a Dios *"Enséñanos",* y tú también puedes hacerlo: "Enséñame".

Aplácate - *"Vuélvete, oh Jehová; ¿hasta cuándo? Y aplácate para con tus siervos"* (v. 13). El pecado trae consigo castigo, y la ira de Dios estaba frente a sus rebeliones. Lo único que puedes hacer es clamar a Dios por ayuda para que se compadezca de tu estado o tu aflicción. Que permanezca el regalo de la paz permanente, la ira aplacada a nuestro favor sobre el cuerpo de Jesucristo.

Sácianos-*"De mañana sácianos de tu misericordia, Y cantaremos y nos alegrare-mos todos nuestros días"* (v. 14). Cuando Dios desea bendecirnos, lo hace a manos llenas. Por esto, él clama diciendo *"Sácianos"*. Esta misericordia recibida es un regalo que nos hace cantar y alegrarnos todos los días de nuestra vida. El verdadero poder reside en recibir de Dios vida por Su misericordia.

Alégranos-*"Alégranos conforme a los días que nos afligiste, Y los años en que vimos el mal"* (v. 15). *"Alégranos"*, por lo cual denota que el verdadero poder espiritual es una obra de Dios. Ya sea por retribución, por recompensa o por gracia, el secreto del verdadero gozo está en recibirlo de la mano del Señor.

Aparezca tu obra-*"Aparezca en tus siervos tu obra, Y tu gloria sobre sus hijos"* (v. 16). La santificación es la obra que comienza y termina en Dios. La santificación es total, activa y progresiva. Por esto, arduamente laboramos en ello, y, sin embargo, solo podemos no más que depender de Él para que aparezca en nosotros Su obra y gloria.

Sea la luz-*"Sea la luz de Jehová nuestro Dios sobre nosotros"* (v. 17) No hay ninguna bendición que no provenga de la Luz: el Padre, Hijo y Espíritu Santo acompañada de la lámpara de la Palabra de Dios. *"Porque Dios, que mandó que de las tinieblas resplandeciese la luz, es el que resplandeció en nuestros corazones, para iluminación del conocimiento de la gloria de Dios en la faz de Jesucristo"* (2 Cor. 4:6).

Confirma la obra de nuestras manos-*"Y la obra de nuestras manos confirma sobre nosotros; Sí, la obra de nuestras manos confirma"* (v. 17). Por último, Moisés le pide confirmación a la obra de sus manos y con esto denota temor, confianza y apoyo en Dios y no en su propia suficiencia. No sería suficiente solo tener la bendición de Dios solo para emprender la carrera sino para ordenarla, dirigirla, confirmarla y terminarla.

Luego que clamaron a Jehová en su angustia,
Los libró de sus aflicciones;
Los sacó de las tinieblas y de la sombra de muerte,
Y rompió sus prisiones.

-Salmos 107:13-14

En sentido general y como un hijo rebelde, el pueblo escuchaba las palabras pero no mostraba interés en ellas. Hacían lo que estaba correcto en sus propios ojos o en su cultura alrededor. Pero esta corrupción radical se muestra aún más oscura cuando Dios ya ha bregado por miles de años con Su pueblo en un ciclo de desobediencia-quebrantamiento-misericordia-obediencia. El pueblo muestra mucho más rebeldía cuando ya conoce la revelación de Su Palabra. La sombra de muerte es más oscura, la traición a Dios más evidente. ¿Cuán lejos estas tú hoy de este panorama de servir a Dios a medias en un ciclo de obediencia y rebelión?

En el mundo antiguo las prisiones muchas veces eran hoyos oscuros donde el prisionero estaba alienado y sin luz. La soledad le produciría dolor por el desapego familiar y el estado de cautividad produciría letargo, pero la oscuridad le produciría un sentido de desorientación al no saber ni el día ni la hora que era. El salmista describe la condición de aquellos en el ciclo de obediencia y rebelión como los que *"moraban en tinieblas y sombra de muerte, aprisionados en aflicción y en hierros"* (v. 10). Aun así, encadenados y en aflicción, la conciencia produciría un testimonio intenso de la razón por la cual estaban allí primeramente.

El salmista explica; *"Por cuanto fueron rebeldes a las palabras de Jehová, Y aborrecieron el consejo del Altísimo".* El castigo para ellos no solamente fue la carcél sino también la vanidad de la vida en el trabajo. Ese trabajo destinado para glorificar a Dios y para su sustento se convirtió en esclavitud y en carga pesada pues *"por eso quebrantó con el trabajo sus corazones; Cayeron, y no hubo quien los ayudase"*(v. 10-15). Oh, amado, no desprecies las palabras del Altísimo. No desprecies Su consejo. Esta prisión de muerte es un hotel de cinco estrellas comparado con el castigo eterno preparado para todo aquel que desprecie la salvación del Hijo de Dios.

Dios es bueno

¿Acaso desconoces que Dios es bueno? Este es el tema inicial de este salmo: *"Alabad a Jehová, porque él es bueno"*. ¿Acaso Su mano ya se ha cortado para salvar, para sanar, para librar de la muerte o para hacer todas las cosas nuevas? El salmista continúa: *"Luego que clamaron a Jehová en su angustia, Los libró de sus aflicciones; Los sacó de las tinieblas y de la sombra de muerte, Y rompió sus prisiones"*.

Dios estaba mucho más comprometido a cumplir Su pacto en ellos que ellos a obedecerlo. Aun así, en su arrepentimiento genuino, la misericordia de Dios los alcanzó, y el amor de Dios produjo estas cosas. Dice el salmista que *"luego que clamaron en su angustia"*, Dios mismo *"los libró de sus aflicciones, los sacó de las tinieblas y de la sombra de muerte y rompió sus prisiones"*. Estos tres verbos muestran cuánto Dios está involucrado en Su obra de salvación. El Señor nos **libra**, nos **saca** de las tinieblas a la luz admirable y **rompe** todas nuestras prisiones.

Amigo, que puedas recibir la libertad total y gratuita que proviene de Dios. El Padre de las luces puede librarte de la rebelión y sacarte a un lugar espacioso. Su Hijo, Jesús, rompió todas las prisiones de la muerte, y su Santo Espíritu actúa poderosamente en ti para salvarte, mostrarte la luz admirable y destruir tu aflicción para siempre en la cruz en Cristo. La vida no se trata más de huir de la presencia de Dios, sino justo lo contrario, de acercarnos más a Él.

> *Acuérdate de la palabra dada a tu siervo,*
> *En la cual me has hecho esperar.*
> *Ella es mi consuelo en mi aflicción,*
> *Porque tu dicho me ha vivificado.*
> -Salmos 119:49-50

Sofía, mi niña menor, constantemente me recuerda cómo debemos esperar en las promesas de Dios. Para ella, las palabras de mis promesas son mis actos futuros. Ella me ha visto una y otra vez cumplir mis promesas y otras veces titubear. Y me dice: "Papá, recuerda cumplir tu promesa". Con esto me derrite el corazón recordando la dignidad comprometida, y se ampara en la confianza de mi palabra antes prometida. ¿Cuánto dependemos de las promesas de Dios? ¡Cuántas promesas rotas y esperanzas frustradas! Pero las promesas y el carácter de Dios son nuestra ancla y nuestro motor.

Dos cosas que no se pueden mover

En esta porción, el salmista comienza: *"Acuérdate de la palabra dada a tu siervo, En la cual me has hecho esperar"* (v. 49). Nuestra fragilidad y la sobreabundante gracia de Dios se muestra aquí. Nuestra fragilidad expuesta en un salmista que le recuerda a Dios (como si Dios estuviera falto de memoria) y la gracia sobreabundante de Dios en darnos promesas en las cuales descansar. En el libro de Hebreos, el autor nos declara cuál es el fundamento sobre el que descansan las promesas de Dios. *"Por lo cual, queriendo Dios mostrar más abundantemente a los herederos de la promesa la inmutabilidad de su consejo, interpuso juramento; para que por dos cosas inmutables, en las cuales es imposible que Dios mienta, tengamos un fortísimo consuelo los que hemos acudido para asirnos de la esperanza puesta delante de nosotros"* (Heb. 6:17-18).

El contexto de aquí en el Nuevo Testamento es de cómo Dios fue fiel en preservar las promesas dadas a Abraham. Ahora, en Jesús no solamente se cumplen estas promesas del Antiguo Testamento, sino que también hay otras nuevas promesas en las cuales podemos descansar.

Las promesas de Dios descansan en el carácter de Dios
Su dignidad estaría en juego, y Él no puede mentir. En otras palabras, las promesas de Dios descansan en la gloria de Dios.

Su consejo y Su juramento es inmutable (no cambia)
Las dos cosas inmutables (que no pueden cambiar) son su decreto y su juramento. Pero hay una tercera;

Dios nunca cambia
Es la realidad de que Dios es inmutable la que hace firme nuestra esperanza en las promesas de Dios (Mal. 3.6). Esta esperanza es *"un ancla para el alma, firme y segura"* en medio de las luchas porque se basa en el propósito inmutable del Dios inmutable: lograr nuestra salvación a través de Cristo. (Heb 6:19-20)

Saber esperar
Los escritores, entonces, concuerdan en que la Palabra dada por Dios en la revelación bíblica es en la cual nosotros debemos esperar. *"Porque cuando Dios hizo la promesa a Abraham, no pudiendo jurar por otro mayor, juró por sí mismo, diciendo: De cierto te bendeciré con abundancia y te multiplicaré grandemente. Y habiendo esperado con paciencia, alcanzó la promesa"* (Heb. 6:13-15).

Estas promesas de Dios son consuelo en nuestra aflicción y nos vivifican, nos hacen nuevos, nos energizan. Nos confirman cuando estamos caídos. Nos esfuerzan cuando estamos cansados, pues sabemos que las promesas descansan en el carácter de Dios, y Dios no puede mentir.

Mi amado, que puedas hoy, mañana y siempre esperar en Dios con paciencia, que alcances todas las promesas para la vida y la salvación y le recuerdes a tu alma que tienes un Dios inmutable.

La suma de tu palabra es verdad
-Salmos 119:160a

El Salmo 119 concluye que toda la Palabra de Dios es verdad. ¡Qué gozo y privilegio tener tan cerca de nosotros y en nosotros las mismas palabras de Dios! ¿Qué importancia tiene la Palabra de Dios para nuestra vida? Es más importante aun que el mismo alimento. El alimento nos sustenta por un momento, pero la voluntad de Dios es para toda la eternidad.

Palabra y presencia

La Palabra nos muestra más misterios sobre Dios de lo que somos capaces de comprender y aplicar en toda una vida. Es posible vivir asombrado y transformado bajo la suma de la Palabra, pero es imposible vivir verdaderamente feliz, satisfecho y bendecido sin la Palabra de Dios.

La Biblia no es como otros libros, pues ésta es una fuente inagotable de vida. Su palabra es de la boca del Autor de la Vida y el Autor de la Fe. Es la única que provoca en nosotros reverdecer con la presencia de Dios. Moisés contendía en oración con Dios: *"Si tu presencia no ha de ir conmigo, no nos saques de aquí"* (Éxo. 33:15). Donde está la Palabra de Dios, su presencia también está. Y, donde fielmente se exponga la luz de la Palabra, su radiante presencia se hace manifiesta pues Él prometió estar con nosotros hasta el fin.

La suma de tu palabra es verdad

Por otro lado, *"la suma de tu palabra es verdad"*, esto es, todo el consejo de Dios, no solo una fracción; no solo un pasaje o un capítulo que nos agrade, sino la totalidad de la Palabra revelada. Charles Spurgeon comentaba de este pasaje: "Las Escrituras son tan verdaderas en Génesis como en Apocalipsis, y los cinco libros de Moisés están tan inspirados como los cuatro Evangelios".

También la Palabra es espada contra las tentaciones del sistema del mundo, de nuestras propias pasiones y de los dardos de Satanás. Estando Jesús en el desierto fue tentado por el diablo para convertir piedras en pan, y Su respuesta fue: *"Escrito está: No solo de pan vivirá el hombre, sino de toda palabra que sale de la boca de Dios"* (Mat. 4:4).

Para nosotros, así como para Jesús, la verdad de la palabra es nuestra defensa, hacer Su voluntad es nuestra verdadera comida, y las palabras que salen de la boca de Dios son nuestra vida.

Que Dios te alumbre y te de ojos para ver la revelación inagotable en Su Escritura y puedas disfrutarla, atesorarla y ponerla por obra para siempre.

Trabajo, confianza y descanso
Día 38

> *Si Jehová no edificare la casa, En vano trabajan los que la edifican;*
> *Si Jehová no guardare la ciudad, En vano vela la guardia.*
> *Por demás es que os levantéis de madrugada, y vayáis tarde a reposar,*
> *Y que comáis pan de dolores; Pues que a su amado dará Dios el sueño.*
>
> **-Salmos 127:1-2**

Si Jehová no edificare la casa, en vano trabajan los que la edifican
Nota que es Jehová, aquí, el que edifica la casa. Los trabajadores pueden trabajar árduamente, pero solo es Dios el que edifica. Hay solamente una roca aprobada que es el cimiento firme y confiable para nuestra vida y salvación: Cristo. La roca que desecharon los edificadores, la que ha venido a ser la piedra angular, es la que sirve como fundamento a Su pueblo y no quebrantará la fe verdadera. *"Porque ¿quién es Dios sino solo Jehová? ¿Y qué roca hay fuera de nuestro Dios?"* (Salmos 18:31)

Podríamos trabajar en vano y aún en vano laborar para la obra de Dios si no tenemos presente esto: que es Dios el que edifica. Qué importante es trabajar árduamente y hacerlo todo para la gloria de Dios, y sin embargo, dependemos de la total bendición de Dios para ver Su obra prosperar. En vano es toda obra que hagamos fuera de este fundamento: Jesús. Y al trabajar, hacerlo en las fuerzas que Él provea y en el fruto del Espíritu que traspasa hasta lo eterno: el amor. Varias cosas aquí: ¿Están mis obras siendo fundamentadas en Jesús para la gloria de su nombre, en las fuerzas que Él provee y en el fruto del amor? Efesios 2:19-22 nos dice que este es el carácter de nuestra identidad como miembros de la familia de Dios:

"Así que ya no sois extranjeros ni advenedizos, sino conciudadanos de los santos, y miembros de la familia de Dios, edificados sobre el fundamento de los apóstoles y profetas, siendo la principal piedra del ángulo Jesucristo mismo, en quien todo el edificio, bien coordinado, va creciendo para ser un templo santo en el Señor; en quien vosotros también sois juntamente edificados para morada de Dios en el Espíritu".

Parece ser que todos edifican algo bajo la influencia de sus propios sueños y deseos o sobre el fundamento de la fe en Jesús. Jesús nos dice: *"Cualquiera, pues, que me oye estas palabras, y las hace, le compararé a un hombre prudente, que edificó su casa sobre la roca"* (Mat. 7:24). ¿Es ésta la Roca en la que estamos edificando nuestra vida y la de nuestras familias e iglesias? ¿Es esta Roca la que está puesta debajo de nosotros para no ser destruidos en tiempos de aflicción?

Si Jehová no guardare la ciudad, en vano vela la guardia

Cuánta seguridad tenemos en Dios porque es Él quien conoce el camino de los justos. Es Él quien cuida Su pueblo y quien protege Su ciudad. Si bien todas las cosas están bajo Su gobierno, esto es especialmente cierto para los asuntos del reino de Dios. En el Antiguo Testamento hay una luz profética al final del túnel donde el profeta exclama con anticipación el día en que Jesús vencería la muerte y el dominio del pecado con Su propia vida. El profeta declara: *"En aquel día cantarán este cántico en tierra de Judá: Fuerte ciudad tenemos; salvación puso Dios por muros y antemuro"* (Isa. 26:1).

La salvación de Dios para nosotros está puesta como muros y antemuros de protección, pues somos nosotros los que estamos ahora escondidos en Cristo. Las puertas de la muerte no prevalecerán contra la iglesia, y es el mismo Dios quien se comprometió a pagar el precio de salvación a través de la vida y resurección de Su Hijo Jesús. ¿Puedes confiar que tu salvación es un muro y antemuro ante la muerte y la tempestad? ¿Puedes hoy creer que eres conciudadano de los santos y de la familia de Dios y que habitas en lugares celestiales con Cristo? ¿Habrá una mayor protección que habitar en la casa de Dios? Isaías continúa: *"Tú guardarás en completa paz a aquel cuyo pensamiento en ti persevera; porque en ti ha confiado. Confiad en Jehová perpetuamente, porque en Jehová el Señor está la fortaleza de los siglos"* (Isa. 26:3-4).

Por demás es que os levantéis de madrugada, y vayáis tarde a reposar

Amado, benefíciate de las promesas condicionales de Dios. ¿Qué beneficio hay si hoy despiertas como loco, rompes el reloj, desperdicias tiempo en ansiedades, te fajas trabajando, le metes horas extras para comprarle los regalos de navidad a los niños, y no has buscado el reino de Dios? Pierdes el tiempo. Lo haces, como dice la Biblia aquí, "por demás"; lo haces sin ningún beneficio espiritual para ti o para otra persona. Y peor aún, lo haces sin la bendición amorosa de Dios.

La palabra hebrea que utiliza Salomón en este salmo para describir esto, *"por demás"*, significa un mal destructivo, una ruina, inutilidad, futilidad, ilusión o idolatría. Cuando desconectas tu conducta del fundamento y la provisión diaria de la fe, te pierdes de lo mejor: la bendición de Dios, e inevitablemente construyes ídolos, que son todo lo que a tu entender hoy es más importante que Dios. El salmo lo expone de la siguiente manera:

"Por demás es que os levantéis de madrugada, y vayáis tarde a reposar, Y que comáis pan de dolores" (v. 2). Ésta es la raíz de muchas ansiedades que tenemos hoy.

Jesús decía:

"Por tanto os digo: No os afanéis por vuestra vida, qué habéis de comer o qué habéis de beber; ni por vuestro cuerpo, qué habéis de vestir. ¿No es la vida más que el alimento, y el cuerpo más que el vestido? Mirad las aves del cielo, que no siembran, ni siegan, ni recogen en graneros; y vuestro Padre celestial las alimenta. ¿No valéis vosotros mucho más que ellas? ¿Y quién de vosotros podrá, por mucho que se afane, añadir a su estatura un codo?" (Mat. 6:25-27)

"Porque los gentiles buscan todas estas cosas; pero vuestro Padre celestial sabe que tenéis necesidad de todas estas cosas. Mas buscad primeramente el reino de Dios y su justicia, y todas estas cosas os serán añadidas. Así que, no os afanéis por el día de mañana, porque el día de mañana traerá su afán. Basta a cada día su propio mal" (Mat. 6:32-34).

Amigo, cree esta promesa condicional de Dios, y confía en Jesús en esto: *"busca primeramente el reino de Dios y su justicia, y todas estas cosas té serán añadidas"*.

Pues que a su amado dará Dios el sueño

Ahora que conoces que Dios está dispuesto a bendecir las vidas y las obras edificadas en Jesús, para la gloria de Su nombre, en las fuerzas y el amor que Él provee, puedes descansar también en que el crecimiento a todo esto lo da Dios. Si fuera común en tu vida que no puedes controlar tus pensamientos y en la noche asechan miedos por el porvenir, y las angustias quieren robar la paz adquirida en Jesús, esta promesa es para ti.

La hermosa frase *"Pues que a su amado dará Dios el sueño"* indica que el fruto de nuestra labor está en las manos de Dios. Nuestra protección y seguridad están en las manos de Dios; nuestra recompensa y la bendición de nuestra obra está en las manos de Dios. Puedes descansar; eres amado por Dios. Al terminar un día lleno de actividad pero gobernado por la gloria de Dios, podrás poner feliz la cabeza en la almohada y decir con el salmista: *"En paz me acostaré, y asimismo dormiré; Porque solo tú, Jehová, me haces vivir confiado"* (Sal. 4:8).

Quiera Dios que tu trabajo, confianza y descanso sean en Jesús hoy, mañana y siempre.

Mi embrión vieron tus ojos,
Y en tu libro estaban escritas todas aquellas cosas
Que fueron luego formadas,
Sin faltar una de ellas.
-Salmos 139:16

Dios es Omnisciente

El clamor de adoración de David era: *"Tal conocimiento es demasiado maravilloso para mí; Alto es, no lo puedo comprender"* (v. 6). ¿Por qué razón? David veía de Dios Sus verdaderos atributos. En esta porción se da a conocer Su Omnisciencia. Esto quiere decir que Dios ya todo lo sabe. Él no aprende nada nuevo. Él todo lo conoce todo el tiempo. Él conoce también todo sobre tu vida.

Para David, Dios lo ha *examinado, conocido, entendido, escudriñado y rodeado*. Dios conoce tu actividad y tu descanso; lo íntimo de tus pensamientos, toda tu vida. Y es ante esto que dice el salmista: *"Tal conocimiento es demasiado maravilloso para mí; Alto es, no lo puedo comprender"*.

Dios es Omnipresente

Para Dios no hay ningún lugar en donde Su presencia no pueda existir. Él no está limitado por razones de tiempo ni espacio. Este es su atributo de Omnipresencia. David preguntaba: *¿A dónde me iré de tu Espíritu? ¿Y a dónde huiré de tu presencia?* (v. 7) Y la respuesta es: A ningún lugar. El salmista dice que pudiera encontrar a Dios en: *los cielos, en el Seol, en el extremo del mar, en el día y en la noche.* Para Dios no hay nada encubierto, y ningún lugar en donde estés es una limitación para la presencia de Dios.

Dios es Soberano

Reconocer la soberanía de Dios descrita en la Biblia trae un reconocimiento regenerado y restaurador. David lo describe aquí de la siguiente manera: *"Mi embrión vieron tus ojos, Y en tu libro estaban escritas todas aquellas cosas que fueron luego formadas, sin faltar una de ellas"* (v.6).

Nuestra naturaleza muchas veces se resiste a la idea de que Dios gobierna sobre todo. Nuestra mente se ve limitada para entender la realidad del asunto. Todo fue escrito desde la eternidad. Todos los detalles de los días estaban escritos desde la eternidad. Y Dios los escribió antes de ser formados. ¿Conoces al autor de la vida? No faltará nada de lo que está escrito allí que no venga a suceder en el tiempo y el espacio. ¡El autor de la fe es el autor de tus días! Cuánta bondad Dios derramó para ser experimentada, para andar en las obras que Él ha preparado de antemano y crecer a la imagen de Su Hijo. Y sin embargo, ¿quién se podrá resistir a esto? Quedará hasta no poder luchar y sin ganarle a esta maravillosa revelación divina.

El salmista queda como en una Epifanía con esta revelación dada por el Espíritu cuando dice: *"¡Cuán preciosos me son, oh Dios, tus pensamientos! ¡Cuán grande es la suma de ellos!"* Resuenan estas palabras a la experiencia en el Nuevo Testamento cuando Pablo, indagando en Sus misterios, exclamaba a toda capacidad:

"¡Oh profundidad de las riquezas de la sabiduría y de la ciencia de Dios! ¡Cuán insondables son sus juicios, e inescrutables sus caminos! Porque ¿quién entendió la mente del Señor? ¿O quién fue su consejero? ¿O quién le dio a él primero, para que le fuese recompensado? Porque de él, y por él, y para él, son todas las cosas. A él sea la gloria por los siglos. Amén" (Rom. 11:33-36).

Quiera Dios que tu alma se emocione y se propulse a adorar a Dios cuando contemples Sus atributos inmutables, cuando veas Su poder y cuando conozcas Su dictadura amorosa. De otra manera te endurecerías y te rebelarías ante un Rey del cual no podrás escapar.

> *El sana a los quebrantados de corazón,*
> *Y venda sus heridas.*
>
> **-Salmos 147:3**

"Papá, cuéntanos la historia de tus heridas. Cuéntanos la historia más triste de tu vida". Con estas preguntas, mis niños exigían que yo viajara en nuestro auto y en mi memoria y trajera historias que hicieran más placentero el camino. Al hacerlo, pasaban dos cosas: yo me daba a conocer a ellos más, y podía ver con distancia histórica la gracia de Dios en todos mis procesos de vida.

El sana a los quebrantados de corazón

Esto no es misticismo, ni son sentimientos calurosos. El Señor del universo promete en este salmo sanar a los quebrantados de corazón. ¿Cómo lo hace? De muchas maneras: conforta a corazones hambrientos con el pan de su palabra y satisface con el vino de la bendición alegre en Su Espíritu Santo. El mismo Dios que creó tu corazón está hoy dispuesto a sanarlo. Mira con el cuidado que lo hace: *"El sana a los quebrantados de corazón, y venda sus heridas"* (v. 3).

El quebranto de corazón no se ve físicamente. Requiere del Doctor de las Almas para ser inspeccionado. El quebranto se puede producir por muchas razones, entre ellas: desesperanza, pérdida, heridas o un mal autoinfligido. Son las flechas inflamatorias del enemigo las que en ocasiones penetran hasta el alma. Puede haber otros males, las aparentes injusticias, la necedad, la idolatría, la negligencia espiritual. Pero para todos estos males existe un Doctor del corazón. ¿Habrá una razón adicional para que tu corazón esté confiado hoy en las manos de Dios?

Heridas de guerra

Hay heridas que vienen por accidente y hay heridas ocasionadas por la guerra. Cuando uno va a la batalla, se protege muy bien para todo, por que esperas algo más que un rasguño. Pablo lo sabía muy bien: hermanos infantiles y legalistas procuraban de Pablo alguna señal externa y que volviera a las leyes ceremoniales del pueblo de Israel. Pablo escribe a la iglesia: *"De aquí en adelante nadie me cause molestias; porque yo traigo en mi cuerpo las marcas del Señor Jesús"* (Gál. 6:17). Pablo había pagado el precio de seguir a Cristo. Y su experiencia lo había expuesto a muchas pérdidas y peligros. Jesús advertía los peligros de esta guerra espiritual muchas veces y de muchas maneras como le revela Jesús en Lucas 6:22-23:

"Bienaventurados seréis cuando los hombres os aborrezcan, y cuando os aparten de sí, y os vituperen, y desechen vuestro nombre como malo, por causa del Hijo del Hombre. Gozaos en aquel día, y alegraos, porque he aquí vuestro galardón es grande en los cielos; porque así hacían sus padres con los profetas".

Y en Marcos 10:29-30:

"Respondió Jesús y dijo: De cierto os digo que no hay ninguno que haya dejado casa, o hermanos, o hermanas, o padre, o madre, o mujer, o hijos, o tierras, por causa de mí y del evangelio, que no reciba cien veces más ahora en este tiempo; casas, hermanos, hermanas, madres, hijos, y tierras, con persecuciones; y en el siglo venidero la vida eterna".

Él venda sus heridas

¿Traes en tu cuerpo las heridas de guerra que tienes por este Rey soberano? ¿Estás conmovido, angustiado, triste por tus pérdidas? ¿Llevas en tu corazón las heridas del servicio? Eres bienaventurado y un amado soldado. Tu corazón será restaurado. El cuidado del Señor para Sus hijos no conoce límites. No solamente el Señor puede sanar, y lo hace ordinariamente o sobrenaturalmente; instantáneamente o diariamente. El Salmo también nos confirma que él *"venda sus heridas"*. "¿Cuáles heridas?", preguntarás. Las heridas de un corazón quebrantado.

Con cuidado clínico y particular, el Señor personalmente *"venda tus heridas"*. Lo que implica dos cosas: El tacto del Señor y el tiempo del Señor. El tacto, pues debe tocar tu corazón, extirparlo, limpiarlo para luego poder vendarlo y darle reposo. Y el tiempo porque este vendaje muestra que hay heridas profundas que requieren tiempo en Dios para ser sanadas totalmente. ¡Qué hermoso ver un corazón regenerado y sanado que hermosea el rostro con la vitalidad juvenil de la vida eterna!

Recordemos las palabras del profeta Isaías y que serían las mismas que cumpliría Jesucristo en su misión mesiánica:

"El Espíritu del Señor está sobre mí, por cuanto me ha ungido para dar buenas nuevas a los pobres; Me ha enviado a sanar a los quebrantados de corazón" (Luc. 4:18).

Quiera Dios que, depositando tu confianza en el que hace todas las cosas nuevas, tu corazón quebrantado sea sanado en el instante o en el tiempo a través de aquel que lo creó y dio Su vida para salvación.

Sobre el Autor

Ricardo Morales-Hernández es esposo, papá, profesor, artista y diseñador. Cuenta con estudios en Teología de el Reformed Theological Seminary, en Historia de Arte en los Medios de la Universidad de Krems en Austria, y tiene un B.A. en Ciencias Sociales de la Universidad de Puerto Rico. Su pasión es el Reino de Dios, la teología bíblica y la predicación expositiva. Actualmente es candidato pastoral para la OPC y sirve en la Iglesia Jesús es la Verdad en San Juan. Vive en Puerto Rico con su esposa Kerenly y sus niños Zoe, Sofía y Daniel.

Para mas información vea ricardomorales.info

∴ **Transcendental**

www.ingramcontent.com/pod-product-compliance
Lightning Source LLC
LaVergne TN
LVHW091228080426
835509LV00009B/1206